상위 5% 대학 입학을 위한

자기소개서

김정엽 지음

상위 5% 대학 입학을 위한
자기소개서

글라이더

대입 자기소개서의 핵심은
쓰기가 아니라 캐릭터다!

  문항이 요구하는 필수요소에 맞추어만 써도 오류는 범하지 않는
다는 말이 있습니다. 왜냐하면 자기소개서의 공통문항은 문제의 요
구에만 잘 이행하더라도 평가기준에 맞고, 또 구성이 자연스럽게 완
성이 되기 때문입니다. 하지만 상위권 대학을 진학하는 사람들이 평
이한 내용으로 경쟁력을 갖추기에는 부족함이 있습니다.

  그러면 어떤 자기소개서가 가장 필요한 걸까요? 선발기준에 합당
한 자기소개서는 기본이고 차별성과 자신만의 무기가 필요합니다.
기본(성적, 질문의 요구, 생활기록부의 내용)은 당연히 따르는 것이며,
차별성(무기)은 결국 캐릭터의 구체적인 형상화가 필요합니다. 스스
로 대학의 입학담당자라고 생각해보면 약점이 없는 자와 자신의 주
관이 뚜렷한 자를 선발할 때 어떤 인재를 매력적으로 느낄까요? 당
연히 약점이 없는 자는 매력이 없을 것입니다. 그러면 매력이 있는
학생은 어떤 학생인가요.

응시생이 제일먼저 준비해야 할 것은 인물설정(캐릭터)을 만드는 재료(경험과 생활기록부의 내용)일 것입니다. 따라서 최상위권 대학을 지원하기 위해서는 자신의 경험(준비한 재료)을 적절하게 응용할 줄 알고 활용할 줄도 알아야 합니다. 이 책은 소소한 경험을 바탕으로 스스로를 드러낼 수 있는데 필요한 캐릭터(인물의 설정)를 어떻게 활용해야 효과적인지에 대한 공식을 제공하고 있습니다.

학생이 자기소개서를 작성하기 위해 가장 필요한 것은 바로 명확한 캐릭터를 구현하고, 또 입학해야만 하는 당위성을 증명하는 주제를 어떻게 작성할 것인지에 대한 통일성있는 설득력입니다. 따라서 시키는대로 쓰는 것이 아니라 분석과 전략을 가지고 작성해야 합니다. 내가 노력한 활동이 주된 재료이고, 그 자원을 낱낱이 찾아서 정리하고 구성해서 준비해야 비로소 설득력이 생기는 것입니다. 주 재료 없이 음식을 만들 수 없는 것과 같은 맥락입니다. 자기소개서도 입학의 근거와 명분(자원)이 없으면 작성할 수 가 없습니다. 이 책에서는 어떻게 생활기록부(주재료)를 분석하고 응용하여 역량을 강조할 것인지를 명료하게 밝혀 쉽게 작성할 수 있도록 구성했습니다.

실제 수험생의 자기소개서에 대한 가장 큰 고민도 "쓸 내용이 없다"는 것과 "어떻게 써야 하는지 모르겠다"는 것입니다. 이 말은 자신의 피력할 만한 자원이 체계적으로 정리되지 않아 내가 무엇을 갖고 있는지 모른다는 이야기고 또 그동안 노력해 온 자원을 분석하여 응용 및 활용할 줄 모른다는 이야기입니다.

자기소개서는 학생부 종합전형에서 빠지지 않습니다. 실제로 원서접수의 시즌에 가장 많은 시간과 비용을 투자하기도 합니다. 그럼에도 불구하고 작성이후에도 효과가 떨어지는 것은 수험생이 노력해 온 자원을 찾는 방법도 모르고, 또 좋은 자원을 옆에 두고도 모르는 경우가 많기 때문입니다.

수험생도 좋은 자기소개서를 작성하기 위해서는 무엇보다 평가 기준에 맞추어서 써야 하고, 둘째로 그동안 준비한 경험과 노력의 기록(생활기록부)을 체계적이고 상세하게 조사 정리해야 합니다. 셋째, 자신이 선발되어야 하는 학과의 성향과 특성을 정확히 분석해서 작성해야 합니다.

이 책을 활용해서 학생 선발의 응용과 역량을 드러내도록 분석하는 방법과 잘한 사례 잘못된 사례를 바탕으로 완성도 높은 자기소개서를 작성하기 바랍니다.

2020년 6월
여러분의 합격 멘토 김정엽

차례

1장

자기소개서에도

공식이

있다

글의 성격을 알면 '무엇을' 써야 하는지 알 수 있고, 무엇을 쓰는
지 알면 '어떻게' 써야 하는지 알 수 있습니다. 자기소개서는 어떤
글이며, 자기소개서에 쓰면 안 되는 것이 무엇이고 써야 하는 것은
무엇일까요?

자기소개서는
전략적인 논설문이다

자기소개서 쓰기는 정시모집이 아니라 수시모집 지원을 전제로
합니다. 살면서 자기소개서를 작성하는 것은 세 번 정도입니다. 첫
번째는 대학 입시, 두 번째는 취업, 세 번째는 이직이나 전직(轉職),
승진을 위한 것입니다.

취업 때는 '이 회사(기업)에 저는 적합한 인재입니다'를 소개합니
다. 전직이나 승진, 이직 때는 '내 경력이 이러하니 이 회사의 유능
한 구성원이 되고자 한다.'라고 밝힙니다. 대입 자기소개서도 마찬
가지입니다. '저는 이 학교(학과)에 적합한 인재입니다. 저는 꽤 팬

찮은 인재입니다'가 주제가 됩니다. 그러므로 글의 신뢰도를 높이기 위해 근거와 사례를 적절히 배치해야 합니다.

　논설문은 주제가 명확한 글입니다. 에둘러서 설명할 필요가 없습니다. 주제를 명확하게 표현하고자 근거와 사례를 제시하고, 그 논리적인 인과관계가 드러나면 좋은 논설문이 됩니다. 자기소개서 역시 논설문입니다. 자신의 학업 과정과 준비 과정이 명확하고 구체적이면 없는 이야기를 고민해서 쓸 필요도 없습니다. 정확한 근거는 생활기록부에서 가져오면 됩니다.

캐릭터가
중요하다

　다만 타인이 바라보는 내 모습이 어떤지 고민할 필요가 있습니다. 입시는 상대 평가이기 때문입니다. 스스로 인사담당자라고 생각하면 간단합니다. "제 성적은 부족하지만 뽑아만 주시면 열심히 하겠습니다."라고 쓴 자기소개서와 "저는 역량 있는 인재입니다. 이 학교를 디딤돌 삼아 제 꿈을 실현하기 위해 열심히 공부하겠습니다."라고 쓴 자기소개서 중 어떤 것이 뽑힐까요? 아마 후자가 선택될 것입니다.

　내용이 거짓이 아니라면 근거가 명확하고 논리적이어야 합니다. 자기소개서는 설득하는 논설문입니다. 다른 사람(인사담당자)을 설득하기 위해서는 우선 자신이 이해할 수 있는 근거와 내용이 담겨야 합니다. 타인을 설득하려면 자신을 먼저 설득해야 한다는 뜻입니다.

1

감점의 영역과 사례
; 쓰면 안 되는 내용

1) 부정문으로의 시작은 불합격으로 가는 길

첫 문장을 부정문으로 시작하면 안 됩니다. 약점을 드러내면 그 약점에 대한 평계로 일관하게 됩니다.

부정문으로 시작하는 예

부정문 유형

비록 고등학교 수학 성적이 좋지 않았지만~

어렸을 때부터 영어를 좋아하지는 않았지만~

성적이 전체적으로 만족스럽지는 않지만~

부정문으로 시작하는 예

저는 고등학교에 진학하면서, 중학교 때까지 자신 있었던 국어 과목에서 낮은 점수를 받은 적이 있었습니다. 수준별 학습의 하(下)반에 편성되면서 그때까지 자부심을 가진 국어 과목에서 낮은 등급을 받았다는 것에 많은 실망과 좌절을 느꼈습니다. 저는 국어 과목에서 높은 점수를 받기 위해 반복된 문제 유형을 문제집을 통해 익히고….

위의 사례는 명백하게 단점이 됩니다.

① 기간 위반 : "중학교까지 자신 있었다."라는 내용은 고등학교 생활기록부에 기재되지 않은 사실이므로 쓸 필요가 없습니다.

② 부정문으로 시작 : 국어 과목에서 낮은 점수를 받았다는 내용으로 시작하면, 그 후의 내용은 이를 극복하는 것이 됩니다. 긍정문으로 시작하면 쓰기가 훨씬 쉬워집니다.

③ 부적절한 단어 : '실망'과 '좌절'이란 단어는 적절하지 않습니다.

자기소개서는 편지가 아닙니다. 과도하게 겸양(謙襄)이나 겸손(謙遜)을 드러내면 그에 대한 핑계나 대안이 늘어나게 됩니다. 그래서 부정문으로 시작하는 것은 좋지 않습니다. 우리가 좋은 인상을 주기 위해서 첫 만남에서 긍정의 언어를 사용하는 것과 같은 맥락입니다. 자기소개서의 목적이 자신을 돋보이도록 하는 글임을 잊지 않아야 합니다.

자신을 피력하는 글의 첫 문장부터 부정적 의미를 담기 시작하면, 모든 내용이 단점을 보완하는 내용으로 흐르게 됩니다. 단점을 극명하게 드러내는 것보다 장점(피력할 수 있는 내용)을 바탕으로 작성하는 것이 이롭습니다. 긍정적이고 적극적인 내용으로 시작합니다.

2) 중학교 활동 서술은 기준의 위반

대입 자기소개서는 고등학교 생활을 묻는 것입니다. 중학교 생활은 논외입니다. 그러므로 고등학교를 중심으로 기술해야 합니다. 중학교 생활을 언급하여 고등학교까지 이어져 온 장점을 돋보이려고 하는데 그것은 대입 취지에 맞지 않습니다. 맞습니다. 중학교 시절은 입시의 참고 사항이 되지 않을뿐더러 대학에서 요구하지도 않습니다.

아무리 좋은 내용이라 해도 중학교 때의 경험을 넣지 않아야 합니다. 모든 교과의 출발점이 중학교인 것은 사실입니다. 국어, 수학, 영어에 대해 흥미를 느끼는 것도 중학교 때부터일 것입니다. 하지만 중학교 시기를 설명한다고 해도 가산점을 받을 수는 없습니다. 그것이 매우 중요한 내용이라면 고등학교를 기준으로 몇 년간 특정 활동을 해왔다는 정도로 작성하는 것이 좋습니다.

예시)

지금까지 10여 년간 지속해서 노인병원에서 봉사활동을 해 온 저는 (○)

중학교 2학년부터 부모님과 함께 노인병원에서 봉사활동을 해온 저는 (×)

중학교 1학년 때부터 수학을 좋아한 저는 (×)

지난 6년 동안 꾸준히 수학을 좋아한 저는 (○)

3) 명료한 서술어를 써야 합격!

  명료하지 않은 서술어를 피하세요. 자기소개서는 면접시험을 앞두고 우선 글로 자신을 표현하는 것입니다. 곧 자신의 이력(履歷)을 설명하는 글입니다. 스스로 결정하고 선택한 내용을 작성하면서 '~생각했다. ~되었다, ~볼 수 있다'라는 서술어를 사용하는데 이는 틀린 표현입니다. 서술어는 작성자의 심리나 명료성을 드러냅니다. 지원 학과를 선택한 이유, 학교를 선택한 이유, 팀 수업에서 학우들과 소통한 내용, 교과에 시간을 투자한 이유 등을 쓰면서 피동형의 서술어나 명료하지 않은 서술어는 피해야 합니다.

4) 두서없는 글

  '두서없다'라는 표현은 말·글·일 따위의 차례나 갈피를 잡을 수 없다는 뜻입니다. "네가 하고자 하는 말이 앞뒤가 맞지 않아서 두서없다." 글의 앞뒤가 논리적으로 맞지 않거나, 글에 쓸모없는 내용이 포함되어 있으면 좋게 평가받을 수 없습니다.

  제한된 지면에 쓰고 싶을 것을 다 쓰려다 보니 두서없게 되지만, 완성된 자기소개서는 앞뒤가 논리적으로 맞아야 합니다. 예를 들어 매우 소극적이고 내성적인 학생이 인성 영역에서 매우 진취적이고 적극적인 인물로 서술되거나, 외국어에 어려움을 느끼는 학생이 외국어 말하기 대회에서 상을 받았다고 쓰는 것은 앞뒤가 맞지 않는 두서없는 글입니다. 쓰고 싶은 내용이 많으므로 자랑하고 싶은 내용만 작성하다가 논리를 잃게 되기도 합니다. 그러므로 봉사활동,

교과 활동, 동아리 활동 등에 대해 주제를 구현해야 합니다. 완성도 높은 자기소개서를 쓰기 위해서는 삭제의 원리를 활용할 줄 알아야 합니다.

예를 들면 공통문항에서 '내게 의미 있었던 일'이 무엇인지 묻는다고 칩시다. 그것은 고등학교 생활 중에서 가장 의미 있던 일이 무엇인지를 밝히라는 질문입니다. 그렇다면 '내가 강조하고 싶은 일'인지, '자신에게 의미 있던 일'인지, '학과의 성격과 인재상에 부합하는 내용'인지 먼저 파악한 후 목적을 맞게 작성해야 합니다. 인문사회대학을 지원하면서 체육과 관련한 내용을 쓰는 것은 논리에 맞지 않을 것입니다. 오히려 사회적 쟁점이 된 사건을 두고 팀 수업과 토론 등을 하여 하나의 가설을 증명한 활동이 맞겠지요. 두서가 없는 글은 논리가 빈약한 글이므로 문제가 요구하는 바가 무엇인지 먼저 파악하고 작성해야 합니다.

5) 모호한 내용은 감점 대상

자기소개서에 모호한 내용은 무엇일까요? 그것은 '내가 무엇을 작성할지 모르면서 서술하는 것'입니다. 이도 저도 아닌 중언부언(重言復言)하는 문장입니다. 대학이 요구하는 질문을 분석하지 않은 상태에서 명료하게 서술할 만한 내용이 없을 때 그런 현상을 보입니다. 자기소개서를 작성하기 위한 준비물(생활기록부, 학습플래너)이 준비되지 않았거나, 제출 기간이 임박했을 때 주로 나타나게 됩니다. 그러므로 문항의 요구사항과 생활기록부의 내용을 통해서 구성을 기획해야 합니다.

생활기록부와 자신의 목표, 문제 인식, 학교(학과)의 특성이 모두 일치해야 좋은 내용을 작성할 수 있습니다. 따라서 생각할 시간이 필요합니다. 수시모집은 항상 비슷한 시기에 지원하기 때문에 미리 준비해야 좋습니다. 제출 시한이 임박했거나 내용 구성이 어려울 때는 선택지를 줄여야만 작성하기가 쉽습니다. 가장 먼저 삭제할 부분은 무엇이고, 남기고 싶은 내용은 무엇인지 구분해서 구성해야 합니다.

3번 공통문항의 요구사항을 위반한 사례

…중간고사가 끝난 후 체육대회가 다가왔습니다. 우리 학교 전통에 모든 종목이 끝난 후 '피날레'라는 이름의 반별 무대가 있습니다. 무대를 어떻게 꾸며야 할지 정해야 하고, 반 단체 의상도 정해야 했습니다. 이 과정에서 충돌이 발생했습니다. 축구 유니폼을 입자는 쪽과 캐릭터 옷을 입자는 쪽으로 의견이 나뉘었는데, 담임선생님도 입으실 수 있는 옷을 고르자는 의견이 나오자 축구 유니폼으로 결정되었습니다. 문제는 피날레 댄스였는데 저는 나서는 것을 좋아하는 친구들만의 무대가 아닌 반 구성원 26명 전체의 무대가 되어야 한다고 생각했습니다.

위의 사례에서 위반한 내용은 무엇인가요?

① '체육대회에서'로 시작하면 명료한데, 중간고사 끝난 후 체육

대회가 중요한지, 피날레라는 반별 무대가 중요한지 가늠하기 어렵습니다.

②캐릭터 옷에 대한 갈등인지, 댄스의 내용이 갈등인지도 판별하기 어려운 문장이라고 할 수 있습니다.

그러면 어떻게 고쳐야 할까요?

시기의 명료성과 갈등(고민)의 내용을 명시하여 논지를 명료하게 작성하면 됩니다.

"체육대회에서 유니폼과 댄스 내용에 대해 갈등이 발생했고, 우리는 반 모두 하나가 되는 것이 중요하다고 의견을 모았다."

6) 중복되는 내용

내용이 중복되거나 유사한 통사구조를 반복하는 경우 어떤 내용을 삭제해야 하는지 설정해서 문장을 통합하고 분량을 줄여야 합니다. 이는 가장 많이 오류를 범하는 부분입니다. 같은 문장(내용)이 반복되면 강조의 의미는 사라지고 오히려 감점의 영역에 해당하므로 작성 후에 반드시 반복되는 내용이 있는지 확인해야 합니다. 이 과정을 살펴보면 다음과 같습니다.

내용 작성 → 반복되는 내용 확인 → 중복 내용(문장) 삭제 → 앞 문장과 뒤 문장의 구성 확인 → 부연설명의 필요성 확인 → 글 전체 내용 확인

앞의 과정이 자기소개서를 작성할 때 가장 많이 활용되는 것입니다. 중복내용을 삭제하면 글이 더욱 뚜렷해집니다.

중복 사례

…결정적으로 대학의 담당자들이 방문하셔서 학교에 대한 설명을 해주셨는데, 선생님들이 매우 친절해서 믿음이 갔다. 나는 평소 전자공학에 관심이 있어서 관련한 대외활동이나 동아리에 적극적으로 참가할 예정이다. 또 수능시험 이후 전자 관련 취득 가능한 자격증 등을 인터넷 강의 등을 활용해서 적극적으로 취득할 예정이다.

내용 분석

① 호칭이 통일되지 않아서 방문자가 불분명 : 대학 담당자가 방문해서 설명회를 한 것인지, 그 담당자의 호칭이 담당자인지 선생님인지 불분명함.

② 통일성 위배 : 믿음이 생긴 후에 대외활동과 동아리 활동의 예정이 이어지는 내용(부연설명)은 앞뒤 내용과 호응하지 않으므로 통일성을 해침.

③ 서술어 중복 : '~예정이다' 반복은 예정에 대한 명료성을 떨어뜨림.

④ 논리 비약 : 담당자들이 친절해서 믿음이 생기고 지원하게 되었다는 내용은 논리적 신뢰성을 떨어뜨림.

"이 대학에 지원하게 된 이유는 담당자들의 신뢰성 높은 설명 때문입니다. 진학 후에 대외활동이나 동아리 활동, 자격증을 취득하여 학교생활을 적극적으로 참여 하겠습니다."

7) 미사여구 : 자신을 표현하는 방법을 모를 때 쓰는 표현

미사여구를 자주 사용한다는 것은 내용이 빈약하다는 것을 스스로 인정하는 것과 같습니다. 작성할 내용은 적고, 작성할 분량이 너무 많아 발생하는 현상입니다. 미사여구를 분별하는 방식은 간단합니다. 주어와 목적어, 서술어만 읽어보면 미사여구와 부속성분이 분명하게 드러납니다.

부사어를 자주 사용한 예

…이 과정을 통해 저는 리더로서 책임감을 가질 수 있었고, 어려움이 있을 때 혼자만의 해결이 아닌 서로의 협력이 너무나도 중요하다는 것을 배우게 되었습니다. 앞으로 사회의 바람직한 리더가 될 수 있다는 확고한 다짐을 하게 된 계기가 되었습니다.

내용 분석

미사여구를 사용해서 문장의 명료성이 떨어짐(적극적 리더, 너무나도, 바람직한 리더, 확고한 다짐 등). 강조하고자 하는 리더의 조건이 무엇인지, 무엇이 바람직한 리더인지, 다짐은 어떤 내용인지 불분명함.

고치기

불분명한 내용을 명료하게 바꾼 문장

"이 과정을 통해서 리더의 적극성이 조직에 미치는 영향이 크다는 것을 배웠고, 리더는 협력의 시너지 효과를 활용할 수 있어야 한다는 점을 알게 되었습니다. 바람직한 리더는 결국 협력이라는 가치를 끌어낼 수 있는 인물이어야 합니다."

8) 짜깁기는 절대 불가

우선 유사도 검증 시스템에 의해서 내 자기소개서가 타인의 자기소개서와 얼마나 일치하는지 확인합니다. 많은 사례(소스)가 온라인에 존재하고, 또 같은 문제이지만 다른 서술을 지향하므로 타인의 자기소개서를 참고하는 경우가 많습니다. 따라서 잘 쓴 예문을 그대로 붙여넣기를 하는 경우도 있으며, 비슷한 통사구조를 반복하는 예도 있습니다. 대학교육협의회에서는 30% 이상을 위험 수준으로 봅니다. 30% 미만의 경우 의심수준이며, 5% 미만을 유의수준으로 보고 유사도 검사가 진행되므로 짜깁기는 반드시 피해야 합니다. 짜깁기의 형태도 발전해서 자기소개서 공장도 있다고 합니다. 유사도 문제가 심해지면 부정행위로 볼 수 있습니다. 타인의 자기소개서는 참고하는 수준에서 그쳐야 합니다.

9) 실패한 구성

구성에 실패한 예

어렸을 때부터 다 함께 어울려 노는 것을 좋아해서 내 주변에는 항상 친구들이 가득했다. 초등학교 6학년 때 친구와 사소한 다툼을 한 뒤 나는 친구들과의 사이에는 배려심이 필요하다는 것을 알게 되었다. (…) 배려란 고집부리지 않고 내가 먼저 미안 하다고 사과할 줄 아는 마음이다. 누구나 자기가 옳다고 생각할 수 있지만, 잠시 물러설 줄 아는 지혜가 필요하다. 고등학교에 진학하면서 나는 살던 곳과 떨어진 곳으로 와서 친구가 아예 없 었지만, 먼저 다가가서 웃어주고 배려하는 나를 친구들은 매우 아껴주었다. 그래서 나는 자존심을 세우는 것보다 상대방을 배 려하는 것이 최선의 노력이라고 생각한다.

둘째, 다른 사람의 이야기를 경청할 줄 아는 것이야말로 최선 의 배려이다. 친구들은 나에게 고민을 상담하는 편이다. 가끔 듣 기 불편한 이야기나 내가 감당할 수 없는 이야기를 하는 경우도 있지만 그래도 열심히 들어주고 위로해준다. 보통은 문제 해결 을 위해 조언을 하지 않아도, 이야기하면서 스스로 해결책을 찾 는 경우를 많이 보아왔다.

셋째, 매사에 말을 조심해야 한다. 말은 항상 그대로 전해지는 법이 없이 왜곡되거나 굴절되어서 전달된다. 그래서 나는 항상 말을 조심하는 편인데, 이런 성격이 친구들에게 속 깊은 상담을 하게 해준다고 생각한다. 나는 대학진학 후에 많은 대외활동과 활발한 학회 활동을 하고 싶다. 이 과정에서 내가 배운 배려심을 실천하고 이어나갈 것이다.

위 예문에서 틀린 말은 없습니다. 인성 영역에서 훌륭한 면을 보입니다. 하지만 자기소개서의 기본형식과 문제가 요구하는 내용을 서술하는 기준으로 봤을 때 문항의 요구를 서술하는 목적을 이루지 못했습니다. 배려, 나눔, 협력, 소통, 갈등 관리라는 기준에서 '배려'에 대한 생각만 작성했다고 할 수 있기 때문입니다. 이는 생활기록부에 기재된 내용이 아닙니다. 자기 생각을 드러낸 것입니다. 자기소개서는 평소 생각을 요구하지 않습니다. 대학 생활을 잘할 수 있는지에 대한 근거를 고등학교 생활에서 찾아야 합니다. 또 배려를 제외한 갈등 관리, 협력, 소통에 대해서는 전혀 언급되지 않았으므로 실패한 구성이라 할 수 있습니다.

10) 문항의 요구사항에 충실하게 답변하기

좋은 글이 합격의 조건이라면 이는 글쓰기에 관한 전형입니다. 자기소개서의 경우 문항의 요구사항에 대해 충실하고 구체적으로 서술한 것이 합격의 조건입니다. 이 점은 다양한 시사점을 보여줍니다. 좋은 글을 쓰기 위해 노력하면 다채로운 어휘력과 필력이 중요하겠지만 이는 자기소개서의 평가 기준이 아닙니다. 요구사항을 얼마나 충실하게 서술했는지, 얼마나 통일성 있게 작성했는지가 자기소개서 평가의 기본 원칙입니다.

훌륭한 문장력 구사가 아니라 요구사항에 충실한 쓰기라는 점을 잊지 않아야 합니다. 문항의 요구에 충실히 따르는 것이 중요합니다. 문항은 이미 글 구성에 여러 소스를 제공합니다. 문항을 자세하게 읽은 뒤 그 문항에 맞는 답변을 작성하는 것을 목표로 삼아야 자기소개서를 완성할 수 있습니다.

2

가산점의 영역과 사례
; 반드시 써야 할 내용과 요소

1) 내용 구상과 사례 선정 : 내용을 살리는 경험 활용

자기소개서는 논술이 아니기 때문에 어깨 힘을 빼고 씁니다. 스스로 써온 학습 플래너(형식은 무관)를 확인해보세요. 그중에서 학과의 선발 취지, 학교의 학생 선발 기준, 나의 이력과 학교(학과)의 연계성을 토대로 스스로 강조하고 싶은 부분을 선별한 후 그 내용을 토대로 상세하게 작성하면 됩니다. 가산점과 감점을 고려하거나 활동 영역에서 너무 많은 소스를 취하면 중언부언하기 쉽습니다. 가장 적합한 내용을 기술하고자 하는 목적에 맞게 작성하는 것이 좋습니다.

2) 내 이력과 지원 학과(학교)의 공통분모 : 반드시 필요한 내용

나와 학교의 공통분모는 매우 이로운 자료입니다. 예를 들어 심리학과에 지원하는 학생이 학우들의 행동을 주의 깊게 관찰하면서 발달 지연 현상을 발견하게 되었고, 그 후 그러한 관찰력을 심리학의 본질과 연계하여 교과 활동 중에 발표했다고 가정해봅니다. 그러면 이 학생의 이력과 학과의 인재 선발 및 향후 심리학의 연관성-심화

활동-학문의 본질이 적절하게 융합되었다고 볼 수 있습니다. 이처럼 이력과 학교(학과)의 선발 취지의 연계는 자기소개서에 반드시 구현해야 하는 내용입니다. 내 이력과 지원 학과(학교) 공통분모를 정확하고 구체적으로 서술하면 가산점을 받을 수 있습니다.

3) 문장의 통일성 : 자신을 돋보이는 가산점
통일성이 떨어지는 문장은 과감하게 삭제하는 것이 좋습니다.

중언부언으로 통일성이 떨어지는 예

…학교에서 운영하는 동아리 시간에 요양원에 다녀온 것이 가장 기억에 남습니다. 저는 평소에 외할머니와 가깝게 지냅니다. 제가 친척 중에 거의 막내라 할머니 할아버지 모두 저를 매우 예뻐해 주셨습니다. 제가 어렸을 때 수술을 했었습니다. 병원에 있는 그 자체가 매일매일 힘들었습니다. 그 와중에 맞벌이하시는 부모님을 대신해서 할머니가 저를 보살펴 주셨습니다.

내용 분석

'요양원 봉사활동이 기억에 남는다.'라는 문장은 어떻게 진행되어야 할까요?

'요양원 봉사활동을 하면서 복지 강국이 되려면 현장 인력이 많이 필요하다고 느꼈다.' → '나는 그러한 현장 활동이 필요하다고 생각하여 사회복지학과에 지원하게 되었다'로 귀결되어야 합니다.

하지만 '요양원에서 봉사활동을 했다 → 외할머니와 가까운 사이이다 → 할머니 할아버지가 나를 예뻐해 주셨다 → 수술한 경험이 있다 → 수술로 힘들었을 때 할머니가 보살펴 주셨다'로 이어져 강조하고자 하는 내용이 무엇인지 명료하지 않습니다.

이처럼 통일성이 떨어지는 자기소개서는 강조점을 파악하기가 어렵습니다. 통일성이 떨어지는 글에는 가산점을 줄 수 없습니다. 통일성이 확보되려면, '요양원 봉사활동을 하면서 노인 복지에 관심을 두게 되었다. 앞으로 노인 복지 현장 요원이 되고자 지원하게 되었다'로 발전하는 것이 적절합니다.

4) 교재(다이어리, 생활기록부, 개인 수상 명세 등 증명) **준비** : 필수 준비물
영화에서 형사들이 범인을 잡기 위해서 게시판에 자료를 붙여놓고 비교하곤 합니다. 자기소개서도 준비물을 잘 갖춰서 작성해야 합니다. 기억력에만 의존하면 두서없이 작성하게 됩니다. 대입 자기소개서를 쓰는 데 가장 필요한 조건은 바로 생활기록부, 자신의 학습 플래너(다이어리: 개별과제 및 발표 날짜와 내용을 적은 개인기록), 개인의 수상 경력 등의 포트폴리오입니다. 그것을 하나씩 점검해 가면서 작성해야 차질없이 작성할 수 있습니다.

5) 지원 학과와 학문이 추구하는 내용 : 대학(학과)와의 공감 포인트
준비물이 갖추어지고 내용에 대한 구상을 마치면 학과 특성에 맞춰 작성합니다.

중심문장과 내용을 도출하여 합격한 예

… 저는 경제학과에 지원하기 위해서 항상 수학을 응용하는 연습문제를 즐겨 풀어보았고, 그중에서 응용경제학에 관심을 더욱 가졌습니다. 4차 산업혁명 시대에 접어들면서 빅 데이터 기술이 고도화할수록 그 중요성이 커질 것으로 생각하기 때문입니다. 저는 경제학과에 진학하여 수학을 이용한 자원봉사활동에 참가하고, 또 사회에 기여할 수 있는 환경, 건강과 복지 등에 대한 대외활동을 통해 사회를 수학으로 연구하는 데 활발하게 참여할 것입니다. 전문 인력이 되는 데 필요한 어학과 전문 자격증을 적극적으로 준비해서 전문인의 기반을 마련하고, 졸업 후 경제연구원이 되어 저의 지식을 사회에 기여하여 사회발전에 도움이 되기를 희망합니다.

이 학생은 목적은 입학이 아니라 경제연구원입니다. 경제연구원이 되기 위한 목표의식이 드러나 있습니다. 즉 대학의 교육과정이 진로의 과정임을 전제하여 작성한 것으로, 입학담당자에게 신뢰를 주기에 적합한 내용입니다. 학과의 학생 선발 기준에 충족한다고 할 수 있으며, 학생의 목적의식이 드러나 있는 내용이므로 '이 학생은 목적의식이 분명하고 그 과정에 대한 계획이 뚜렷하기 때문에 학과의 취지에 타당하다.'라는 인식을 전달할 수 있습니다. 지원 학과와 학문이 추구하는 핵심을 적절하게 제시하면 목적의식과 동기, 수학계획(受學計畫)이 명료해집니다.

3

공통문항에
대한 분석

내가 쓰고 싶은 내용을 쓰는 것이 아니라, 각 문항이 요구하는 것을 써야 합니다. 자기소개서의 각 문항은 학생을 평가하기 위해 제시하는 문항입니다.

항목	문항 내용
1번	(공통) 고등학교 재학 기간 중 학업에 기울인 노력과 학습 경험에 대해 배우고 느낀 점을 중심으로 기술하시오.
2번	(공통) 고등학교 재학 기간 중 본인이 의미를 두고 노력했던 교내활동에서 배우고 느낀 점을 중심으로 3개 이내로 기술하시오.
3번	(공통) 학교생활 중 배려, 나눔, 협력, 갈등 관리 등을 실천한 사례를 들고, 그 과정을 통해 배우고 느낀 점을 기술하시오.
4번	(별도) 해당 모집단위에 지원하게 된 동기와 지원하기 위해 노력한 과정을 구체적으로 기술하시오.
	(선택) 해당 모집단위에 지원하게 된 동기와 학생을 선발해야 하는 이유에 대해 서술하시오.

문제를 잘 살펴보면, 요구하는 요소가 무엇인지 알 수 있습니다. 앞에 제시한 표에 의하면 크게 3개의 공통문항과 1~2개의 학교별

문항이 있음을 알 수 있습니다. 각 문항에는 반드시 작성해야 하는 전제(前提)가 존재합니다. 각 문항을 분석하여 그 취지를 살펴보면 다음과 같습니다.

문항 1. (공통) 고등학교 재학 기간 중 학업에 기울인 노력과 학습 경험에 대해 배우고 느낀 점을 중심으로 기술하시오.

문항 해설 : 이는 작성자의 학업태도를 파악하기 위한 것입니다. 대학교육의 목적은 전문 교육입니다. 따라서 고등학교 시기의 기본 학습 태도가 심화 과정에 접근할 수 있는지 파악하고자 합니다. 학업을 대하는 태도와 지식에 접근하는 방식을 구체적(핵심어사용)으로 기재하고, 자신의 심화 학습에 대한 기본 태도를 밝혀주어야 합니다.

작성 방향 : 작성자에게 요구하는 것은 무엇일까요? 그것은 대학 교육의 목적과 특성에 맞는 고등학교 교육과정의 경험이 대학 교육과 연구의 역량이 되는지 밝히는 것입니다. 즉 '고등학교 과정에서 이러한 내용을 충실하게 이행하였으니 대학의 교육과 연구 과정에서도 적극적으로 적응할 수 있다. 나는 대학의 요구에 따라 내 목표를 열심히 연구할 수 있는 인재이다.'라는 점을 피력할 수 있어야 합니다.

오답 유형 : 요구사항에 충실하게 답변해야 합니다. 관련성 없는

교과 활동을 내세우거나, 학과 연계성이 낮은데도 가장 높은 점수를 획득한 사례를 제시하면 안 됩니다. 자신의 장점이 충분히 드러나도록 작성하면 됩니다. 자신(캐릭터)이 드러나지 않는 성적 변화 추이를 서술하는 것은 좋은 답변이 되지 못합니다. 예를 들어 A 학생이 예술적 재능이 뛰어난데 심리학과에 지원할 경우 자기소개서에 그 재능을 드러내지 않아야 합니다. 지원 학교(학과)의 정체성에 맞는 내용을 작성해야 좋은 점수를 얻습니다.

문항 2. (공통) 고등학교 재학 기간 중 본인이 의미를 두고 노력했던 교내 활동에서 배우고 느낀 점을 중심으로 3개 이내로 기술하시오.

문항 해설 : 이 문항은 전공과목의 수업 태도와 자신의 관심 분야, 학과 지원에 대한 동기부여를 파악하고자 하는 것입니다. 대학은 단순히 지식을 탐구하는 기관이 아닙니다. 스스로 학업에 대해 의지를 갖추고 심화하는 곳입니다. 그래서 학업에 대한 지식을 내면화하거나 의지를 갖추고 의미 있는 활동(전공과목을 심화하기 위한 대외활동이나 진로 활동)을 수행하는 교육기관입니다. 자신이 의미를 두고 노력한 사례를 바탕으로 가능한 하고자 하는 학업에 참고될 만한 내용을 작성해야 합니다.

예를 들어 어학 관련 학과라면, 기초 언어 학습능력을 넘어서 구체적 활동 계획을 피력하는 것이 좋습니다. 특정 작가의 작품을 면밀하게 연구했던 활동도 필요합니다. 대학교육의 목적과 연장 선상에 있는 의미 있는 활동을 소개하는 것입니다.

작성 방향 : 이 문항은 과거 활동을 구체적으로 서술하는 항목입니다. 심리학과를 지원하는 사람이 발달심리학, 행동심리학에 관심이 있다면 그 학문의 연구를 어떻게 진행했는지, 그 활동을 통해 학문을 얼마나 어떻게 심화했는지 상세하게 밝히는 것이 좋습니다. 배우고 느낀 점을 적으라는 것은 내면화와 의미화의 과정이며, 학과에서 배운 지식을 바탕으로 내면화하는 비결을 듣고 싶은 것이므로 과거의 활동 내용을 소개해야 합니다. 괜히 연관성과 의의를 피력하기 위해서 계획만 남발하지 않도록 주의해야 합니다.

오답 유형 : 스스로 내면화하고 동기를 부여하는 과정이 없으면 구체적 사례를 적기가 힘들 것입니다. 그래서 문항이 요구하는 요소에만 집중한 나머지 관련 없는 팀 수업이나 가장 인상 깊게 읽은 책을 소개하는 경우가 많습니다. 학과 성격에 맞추어서 작성하는 것을 권장합니다.

문항 3. (공통) 학교생활 중 배려, 나눔, 협력, 갈등 관리 등을 실천한 사례를 들고, 그 과정을 통해 배우고 느낀 점을 기술하시오.

문제 해설 : 이 문항은 전형적인 인성 평가입니다. 취업 자기소개서와 공기업의 자기소개서에서도 있는 문항입니다. 이 문항에서 요구하는 것은 이타적 인성의 구체적 서술입니다. 조직 문화(생활 태도)에는 이타적 활동이 필수입니다. 고등학교 때와 마찬가지로 다

양한 팀 활동이 있어 협력이 필요합니다. 이 과정에서 배려와 나눔, 갈등 관리가 필요할 것입니다. 따라서 고등학교 때의 인성을 소개하고, 다양한 팀 과제(프로젝트)를 이행할 능력이 있다는 것을 드러내야 합니다.

배려와 나눔, 갈등 관리와 협력의 사례가 모두 포함되면 좋겠지만, 한 번도 친구들과 갈등해본 경험이 없다면 억지로 만들 필요는 없습니다. 각각의 사례를 서술하는 것은 피해야 합니다. 하나의 사례로 모든 영역을 포괄하여 설명하는 것이 바람직합니다.

작성 방향 : 고전 수필이나 소설에서는 한 인물에 대한 됨됨이를 소개하기 위해서 일화를 소개하는 경우가 많습니다. 예를 들어 조조는 어릴 때 원소라는 인물과 장난을 친 적이 있었는데, 원소는 가시덤불에 떨어집니다. 손에 가시가 박혀서 올라오지 못하자 조조는 원소가 상처에 신경 쓰지 않게 하려고 "도둑이 여기 빠졌다!"라고 소리칩니다. 이 일화를 보면 결과를 중시하는 조조의 성격을 알게 됩니다. 이 문항이 요구하는 바에 대해 잘 설명할 수 있을 만한 일화를 상세하게 쓰는 것이 좋습니다.

오답 유형 : 각 항목을 설명할 사례는 많지 않을 것입니다. 고등학교 생활이 매우 단조롭기 때문입니다. 그래서 배려, 나눔, 협력, 갈등 관리를 각각의 요소로 분리해서는 안 됩니다. 이 모든 요소를 잘 설명할 수 있을 만한 사례를 써 보고, 각각의 요소에 대응하는지 살펴보아야 합니다.

문항 4. (선택) 해당 모집단위에 지원하게 된 동기와 지원하기 위해 노력한 과정을 구체적으로 기술하시오. (1,500자)

문제 해설 : 이 선택 문항은 진학하려는 학교(학과)의 학문에 대한 동기가 있는지, 진학하려는 학교(학과)에 지원하기 위해 무엇을 노력했는지 묻는 것입니다. 1번 문항에서 학문(교과)의 내용을 작성한 점을 잊어선 안 됩니다. 교과과정을 작성하는 문제가 아닙니다. 이 문항은 진로에 대한 준비를 묻는 것입니다.

그래서 해당 모집단위의 범위부터 살펴봐야 합니다. 모집단위는 학교장 추천 전형, 또는 학생부 종합전형 같은 전형의 특성과 자신의 목적(학과)가 그 범위입니다. 지원하려는 학과의 동기부여 사례가 있으면 작성하고, 그 꿈을 실현하기 위한 노력 과정(학습 과정 제외)을 작성하는 것입니다.

지원동기를 '봉사활동을 활발하게 지원하는 치과의사'로 가정해 보겠습니다.
①의과대학 중 치과대학을 지원하는 경우
②봉사활동과 대외지원을 꿈꾸는 의사로 설정한 경우
③지원동기

문항과 스토리의 관련성
이 내용을 서술하기 위해서는 스토리(story)를 구현해야 합니다.
"어릴 때부터 한 달에 한 번 어르신들을 대상으로 무료 봉사를 하는 지역의 치과의사를 볼 때마다 나도 저런 치과의사가 되어야겠다고 생각했다(지원동기). 이 모집단위에 지원하기 위해서 청년의사 장기려의 책과 의학 관련 서적을 많이 읽었다. 학우들에게 도움을 주기 위해 반장을 하면서 멘토-멘티 활동을 충실하게 했다."라고 쓰면 이 문항 취지에 바르다고 할 수 있겠습니다.

동기-노력 과정에 의해 작성할 때, 공부(학업)에 관한 내용은 이미 공통문항 1번에 대한 답이 되었으므로, 그 과정의 이유와 근거에 기초해서 작성해야 합니다. 동기가 파생된 고등학교 생활의 준비 과정을 서술해야 적절하게 답변했다고 할 수 있습니다.

작성 방향 : 1번 문항의 답을 되풀이해서는 안 됩니다. 처음 자기소개서를 작성하는 학생은 1번 문항과 4번 문항을 구분하기 어려워합니다. 1번은 포괄적 내용 중에 선별해서 작성하는 특정 교과 학습의 심화 과정이고, 4번은 해당 학과에 지원하기 위해 어떤 노력을 해왔는지를 요구하는 문항입니다. 학과에 지원하기 위한 노력이므로 전혀 다른 문제임을 명시해야 합니다.

그러므로 '노력한 과정'을 반복하지 않도록 주의해야 합니다. 공통문항에서 요구한 학습과 관련 지으려 하지 말고, 지원하는 학과에 대해 노력한 과정을 중심으로 작성해야 합니다. 이 문항의 취지는 지원 학과에 진학하기 위해서 노력한 것이 무엇이며, 목표를 가지게 된 동기와 목표를 이루기 위한 노력이 일치하는지를 묻는 것입니다.

오답 유형 : 가장 많은 오류를 범하는 것은 1번과 중복되는 내용 (학습 노력)을 서술하는 것입니다. 고등학생은 일과 대부분을 교과 학습에 투자하기 때문에, 노력한 내용 대부분이 학습입니다. 따라서 1번에서 서술한 내용과 이어진 내용을 작성하면 문항의 취지에서 벗어난 서술입니다. 학습 과정을 물어보는 것이 아니라 학과에 진학하기 위해 어떤 노력을 기울였는지를 물어보는 문항이므로 진학하기 위해 노력한 것을 서술해야 타당합니다.

문항 4. (선택) 해당 모집단위에 지원하게 된 동기와 학생을 선발해야 하는 이유에 대해 서술하시오.

문제 해설 : 앞의 선택 문항과 취지가 같은 문항입니다. 명백하게 "학생을 선발해야 하는 이유를 밝히시오."라고 되어 있습니다. 우리 학교가 학생을 선발해야만 하는 당위성을 스스로 증명하라는 것입니다. 자신이 돋보이도록 작성해야 합니다. 앞선 예시를 들면, "봉사 활동을 전제로 이렇게 준비해왔고, 의사가 되기 위해 이러한 노력과 과정을 충실하게 이행했으니 저를 뽑지 않으면 아까운 인재를 놓치게 될 것입니다."와 같이 작성하는 것이 좋습니다.

작성 방향 : 자신이 왜 선발되어야 하는지 그 당위성을 주제로 삼아야 합니다. 그렇게 서술하지 않거나 1번 항목과 동일하게 서술하면 수정해야 합니다. 따라서 주제에 맞는 내용이 무엇인지 먼저 고민해야 합니다. 예를 들어 의대에 지원하는 학생이 있다고 가정합

시다. 이 학생은 정형외과를 지원하고자 합니다. 캐릭터를 정할 때 다음과 같은 인물을 설정했다고 가정해보겠습니다.

'나는 정형외과 의사면서 물리적 치료뿐 아니라 심리적 치료도 하는 의사가 되고 싶다.'라고 했을 때, "의과대학에 지원하기 위해서 성적관리에 힘쓰고, 의사의 소양을 기르기 위해 심리학 관련 책도 꾸준히 읽어왔습니다."로 서술하면 동기부여에 대한 신뢰하게 됩니다.

오답 유형 : 추상적인 상위어를 사용해서 서술하거나 지나치게 주관적인 방식으로 설명하면 이 문항에 대한 신뢰도가 떨어집니다. 객관적이고 논리적인 서술방식을 요구하므로, 중심문장(주제)을 확고하게 설정해서 논리적으로 서술해야 합니다.

4
자기소개서
작성 요령

1) 서두에 주목할 만한 중요 문장 배치(두괄식 구성)

학교의 입장을 헤아려봅시다. 학교에서 자기소개서를 받는 이유가 무엇일까요? 유능한 학생을 선별하는 것입니다. 학교는 자신의 장점을 명료하게 제시할 수 있는 학생을 원합니다. 따라서 자기소개서를 평가할 때, 각각의 항목을 분석하면서 읽는 경우는 많지 않습니다. 평가자는 대체로 앞부분에 주목합니다. 서두에 자신 놓쳐서는 안 되는 인재임을 3줄 이내로 자신감 있게 피력하는 것이 평가의 취지에 합당합니다. 학생들이 가장 많이 사용하는 '열심히 노력했다, 좋은 평가를 받았다'보다 'ㅇ등급에서 ㅇ등급으로 상승했다, 30여 명 학생의 동의를 받아 반장이 되었다.' 등 객관적으로 평가할 근거를 마련해주는 것이 좋습니다.

2) 간결한 문장과 적절한 분량으로!

자기소개서 작성과정에서 가장 많은 고민이 되는 것은, 쓰고 싶은 내용이 많은데 분량이 제한되어 있다는 것입니다. 그런데 자기소개서의 문항은 많은 이야기를 쓰기 위해 만들어진 것이 아닙니다. 자신을 가장 적절하게 표현할 수 있는 사례를 골라서 그 내용을 충실하게 작성하는 데 목적을 두어야 합니다. 많은 내용을 넣고 싶어서 나열하는 경우에는 특정한 부분만 인용하는 것이 좋습니다. 문장이 길어지지 않도록 주의하고, 글자 수를 배분해서 분량을 맞춰야 합니다.

3) 지원 분야와 연관된 내용은 반드시 작성하자

학교는 지원자(학생)가 어떻게 살아왔는가에 관심이 없습니다. 잘하는 것은 무엇이고, 대학에 진학하여 어떻게 활동할지에 관심을 갖고 있습니다. 그러므로 원하는 인재상과 학과의 진로 방향을 숙지하여 작성하는 것이 중요하고, 그 외의 사항은 불필요 합니다. 철학과를 지원하는데 체육이 특기인 것을 강조할 필요가 없지요. 학교(학과)의 학습 내용을 잘 이해하여 지원 학과의 특성에 집중해야 합니다.

대학은 전문분야에 대한 적성을 요구합니다. 자신이 어느 정도 알고 있고, 어떤 계획을 세웠는지 설득력 있게 작성해야 합니다. 지원하기 위해 얼마나 노력을 했는지, 평가할 수 있는 지표는 무엇인지 소개하는 데 목표를 세우고 작성하기 바랍니다.

4) 맞춤법과 띄어쓰기의 중요성 : 학생의 신뢰도 문제

맞춤법은 틀리지 않도록 주의해야 합니다. 자주 사용하는 단어의 맞춤법에서 틀리면 지원자의 기본소양에 의구심을 갖게 됩니다. 특히 띄어쓰기의 경우 잘못하면 가독성이 떨어집니다. 평가자의 기준에서 고등학교 3학년이 맞춤법과 띄어쓰기를 모른다는 것은 유능함에 대한 신뢰도 자체를 떨어뜨릴 수밖에 없습니다. 인터넷과 SNS에서 사용하는 준말이나 은어, 비속어를 사용한다면 더욱 그렇습니다. 따라서 맞춤법 검사를 하여 틀린 표현을 고쳐서 제출해야 합니다.

5) 차별성 있는 자기소개서 : 마지막 경합을 이기는 힘

자기소개서의 특성상 같은 문제에 다른 답변을 기대하기가 어렵지만, 대부분의 자기소개서가 유사한 통사구조를 반복하는 것을 볼 수 있습니다. 그렇다면 평가자의 입장을 생각해보지 않을 수가 없습니다. 독특한 작성법, 두괄식 표현의 압축성, 참신한 내용이라면 평가자는 꼼꼼히 읽게 됩니다. 고등학교 생활 중에서 참신한 심화과정이나 실험 등을 쓰는 것은 일상에서 벗어난 표현이 될 수 있다.

6) 문맥의 논리적 연결 : 논리가 전부다

자기소개서의 글 형식은 논설문입니다. 따라서 논리적인 설득력이 있어야 합니다. 문장과 문장이 논리적으로 연결되어야 하는데, 이를 '문장의 유기성'이라고 합니다. 문항이 제시하는 주제에 따라 소재를 선정한 후, 왜 이 학과에 지원하는지와 앞으로 어떤 인재가 되고 싶은지, 그리고 지난 고등학교 생활에서는 이 학과에 가기 무엇을 준비했는지가 하나로 이어져야 합니다. 이를 일관성이라고 합니다. 유기성과 일관성이 있어야 설득력을 높아져 학생을 선발하기에 적합한 기준이 되므로 유기성과 일관성을 반드시 지켜서 작성해야 합니다.

7) 학교에 맞추지 말고 학과에 맞춰야

학교에 목적을 두고 작성하게 되면 추상적인 글이 되기 쉽습니다. 학교의 이상(理想)은 너무 넓으며 보편된 가치를 담고 있기 때문입니다. 자기소개서의 목적은 매우 구체적이고 논리적이어야 합니다. 구체적이고 논리적인 글을 쓰기 위해서는 그 범위를 좁혀야 합니다. 가장 좋은 방법은 학과의 특성과 목적에 맞게 글을 구현하는 것입니다. 학교의 이상과 가치와 방향성에 맞추는 것보다 지원하려는 학과의 특성에 맞추는 것이 구체적인 내용을 쓰는 데 적합합니다.

8) 중의적 표현 피하기

자기소개서와 면접에서 가장 많이 감점을 당하는 것이 중의적 표현입니다. 그러므로 학교별 개별 문항 중에 자신의 장단점을 요구하면 단점이면서 장점이고 장점이면서 단점인 점을 준비하지 마세요. 장점을 돋보이게 하려는 의도가 설득력을 갖지 못합니다. '단점이 내성적 성격인데 그 내성적 성격을 스스로 극복하는 것이 장점이다.'라는 식의 서술은 좋은 평가를 받기 어렵습니다. 단점을 요구하는 것은 분석력과 논리성을 평가하기 위해서입니다. 자신을 너무 낮추는 비판 방식은 반드시 피해야 하지만, 단점을 정확히 제시하고 그 극복과정을 작성(구술)하는 것이 설득력을 높입니다. 장점과 단점은 반드시 각각의 항목으로 구별하되 설득력 있게 서술(구술)할 수 있어야 합니다.

9) 과장되지 않고 객관적인 자기 피력(PR)

우스갯소리로 자기소개서를 자소설(字小說)이라고 합니다. 주관적이고 부풀려져서 그렇습니다. 하지만 대입에 필요한 자기소개서에는 근거 텍스트가 존재합니다. 그 근거는 생활기록부입니다. 생활기록부를 토대로 작성해야만 과장되지 않고 객관적으로 서술할 수 있습니다. 자기 피력이 필요한 부분을 생활기록부 기록에 근거하여 작성하면 자기소개서는 객관적 평가의 지표가 될 수 있습니다. 컴퓨터공학과에 지원하는 학생의 경우 PC 활용능력을 최상급-상급-중급-하급 등 주관적으로 서술하지 말고, 다룰 수 있는 도구(Tool)를 상세하게 밝혀 쓰거나 해당 학과가 요구하는 자격증을 제시하는 것이 좋습니다.

10) 여유롭게 작성하기

원서접수 시간이 임박하여 밤샘 작업을 하거나 허겁지겁 작성하는 경우가 많습니다. 제출 당일에 작성하는 때도 있습니다. 참고할 만한 소스(생활기록부)를 준비하지 못하고 작성하는 경우마저 있습니다. 자기소개서를 쓰려면 기본 준비물을 갖춰야 합니다. 생활기록부와 자신이 고등학교 1학년 때부터 작성해 온 스터디 플래너(Study Planner)가 필수 준비물입니다.

그래서 고등학교 2학년 겨울방학에 공통문항으로 구성 연습을 한 뒤, 3학년 개학 전에 초안을 작성하고, 여름방학에 플래너를 살펴보면서 수정 및 보완을 하고, 원서접수 1주일 전 주말에 마무리하면 가장 신뢰도 높고 완성도 높은 자기소개서가 완성된다고 할 수 있습니다. 원서접수 기간은 마무리하는 기간이라 생각하세요. 여유가 있는 여름방학이나 주말에 내용을 구성하는 것이 바람직합니다.

11) 중요한 단어가 눈에 띄도록

자기소개서의 가장 중요한 요소는 핵심어입니다. 핵심어는 의미를 전달하는 매개체입니다. 따라서 작성할 단어들을 활용할 줄 알아야 합니다. 눈에 띄는 자기소개서가 되기 위해서는 학교가 원하는 인재, 학과가 지향하는 인재임을 피력할 수 있어야 합니다. 너무 길게 설명하려고 하지 말고 핵심 단어 위주로 간략하게 써 보세요.

12) 면접을 위한 사본 만들기

서류전형(1차)에 통과한 후 면접을 보게 되면 자기소개서는 면접관의 질문자료가 됩니다. 자신이 쓴 내용을 숙지하고 있지 않으면 면접관의 질문에 응답하기 어렵습니다. 자신의 자기소개서 내용을 대략 알고 있어야 합니다. 사본을 만들어두고, 원서와 생활기록부와 자기소개서 내용을 토대로 완성형 구술, 부연설명 등을 충실히 준비해야 합니다.

2장

전략과
분석을 위한
내용의 설계

1

1번 문항의 설계
; 설계의 핵심요소와 준비물 활용법

문항 1 : 고등학교 재학 기간 중 학업에 기울인 노력과 학습 경험에 대해 배우고 느낀 점을 중심으로 기술하시오.

첫인상이 중요하다

1번 문항이 중요한 이유는 처음 읽는 문항이기 때문입니다. 이 문항에 대한 답을 설계하기 전에는 먼저 생활기록부에서 각 교과 성적을 살펴보기 바랍니다. 1번 교과 중심 문항과 4번 학과에 지원하기 위해 준비해온 과정이나 학과가 선택해야 하는 이유 사이에는 공통분모가 많습니다. 하지만 1번은 교과, 4번은 준비 과정(교과 외 개별 노력을 통한 선발 필요성)을 평가하기 위한 문항입니다.

생활기록부를 토대로 한 학생부 종합전형은, 지원자가 전공에 관해 관심을 충분히 가졌는지와 전공을 배우기 위해 어떤 노력을 했는지를 평가합니다. 물론 성적이 중요합니다. 하지만 주목할 점은 성적을 토대로 한 교과의 적합성 유무입니다. 사실 성적은 비슷한 수준의 학생들끼리 경합을 벌인 결과입니다. 그러면 변별성은 어디에 있을까요? 바로 전공과 적합한 교과에 대한 노력입니다. 전공학과의 전문가가 봐서 "이런 학생을 우리 학교가 선발해야겠다."라고 생각하도록 자신을 피력하는 내용이어야 합니다.

학과에서 평가하는 기준은 노력해서 성적이 나왔는가 아닌가를 판별하고자 하는 것이 아니라, 얼마나 전공에 적합한 공부를 했는지가 중요합니다. 결코 가벼운 마음으로 써서는 안 됩니다. 먼저 고민해야 할 사항은 네 가지입니다.

①지원하고자 하는 전공과 연관된 활동을 어떻게 했는가?
②다른 지원자와 비교했을 때 차별성 있게 한 활동은 무엇인가?
③나만 가지고 있는 변별력은 무엇인가?
④전공과 관련한 전문가가 봐서 인정할 수 있는 노력이 있는가?
　있다면 무엇인가?

차별성은 가장 중요한 대원칙이다

국어교육학과에 지원하는 학생이 있다고 가정해보겠습니다. "국어교육학과에 지원하기 위해서 국문학에 관심을 가지고 매주 한 편의 고전을 읽었다. 개인의 감상을 적는 훈련을 하면서 되도록 많은 작품을 읽었다. 그래서 국어 점수는 항상 좋았고, 국어교육에 활용할 수 있는 다양한 작품을 알고 있다. 국어와 관련한 성적은 항상 1등급을 유지했고, 다른 과목에도 시간을 투자하면 점수가 높다는 경험을 활용했다."라고 작성한다면 매우 잘 쓴 것입니다.

하지만 평가자의 입장에서 보면 다른 자기소개서와 별반 다르지 않습니다. 학업에 기울인 노력은 누구나 작성할 수 있는 내용이고, 국어교육과를 지원하는 다른 학생들과 비교했을 때 차이가 있어 보이지 않기 때문입니다. 국어교육학과 지원자라면 누구나 작성했을 법한 내용입니다. 차별성이 전혀 없기에 좀 더 설득력 있는 내용이 필요합니다. '성적이 좋거나 나쁘거나 지원자는 모두 비슷한 성적대의 학생이다'라는 전제에서 벗어나서는 안 됩니다. 그러면 어떤 내용을 써야 할까요?

개인의 자원을 활용하자

자신이 가진 자원을 활용해야 합니다. 예를 들어보겠습니다. 생활기록부의 성적 → 학습플래너 → 발표 내용과 일치하는 노력 부분에서 고전을 읽었다고 하면, "고전의 모티브를 정리해서 한 눈에 볼 수 있도록 정리했더니 당시의 역사적 내용과 일치하는 것을 발견하게 되었고, 한국사와 연계해서 공부하는 방법을 활용했더니 두 과목의 성적과 모의고사 문제의 이해도가 높아졌으며, 대학에 진학해서도 이러한 융합의 개념을 활용하는 방법을 적극적으로 활용할 것이다."라고 작성해야 변별성을 가질 수 있습니다. 이처럼 캐릭터를 구축하고 자신만의 학업 방식을 구현해야 합니다. 차별화하기 위해 노력해야 합니다.

2

2번 문항의 설계
; 전문인으로서의 소양과 자질

문항 2 : 고등학교 재학 기간 중 본인이 의미를 두고 노력했던 교내 활동 (3개 이내)을 통해 배우고 느낀 점을 중심으로 기술하시오. (단, 교외 활동 중 학교장의 허락을 받고 참여한 활동은 포함됩니다.)

전문인으로 발전할 소양을 밝혀야 한다

2번 문항의 취지는 학과의 전문인으로서 '발전 가능성'을 판단하는 것입니다. 이 문항에서는 교내활동을 3개 이내로 제한합니다. 여기서 딜레마에 빠집니다. 3개 모두 작성하면 내용이 빈약해지고, 2개만 선별해서 작성하기에는 쓰고 싶은 내용이 많을 수 있기 때문입니다. 글자 수를 고려하면 3개의 내용은 부실해질 수밖에 없습니다. 그러므로 2개를 작성하는 것이 맞습니다.

또 하나의 고민거리는 '교외 활동 중 학교장의 허락을 받고 참여한 활동'의 기준과 내용의 포함 여부입니다. 이는 좀 상대적이긴 하지만 학과와의 연계성이 높고 특별한 계기나 동기를 부여한 내용이 아닌 이상 되도록 작성하지 않는 것이 좋습니다. 사교육으로 활동할 수 있기 때문입니다. 최근의 강조되는 경쟁의 공정성에 어긋날 수 있기 때문입니다. 가능하다면 교내활동에 집중해서 작성하는 것이 바람직합니다.

성공과 실패 모두 소중한 자산이므로 포함할 수 있다

학생 대부분은 2번 문항을 작성하면서 성공 사례나 성취를 이뤄낸 경험을 소설처럼 씁니다. 성공 요인이나 경험이 없으면 안 써도 됩니다. 좌절이나 실패 경험이라 해도 그것을 통해 느끼고 배운 점이 있으면 의미가 있습니다.

생명공학과에 진학하는 학생이 학교의 실험 기자재가 부족하여 가설을 증명하지는 못했지만 실험 자체가 굉장한 경험이었다면 의미 있는 내용이 될 수 있습니다. 충분한 실험 시설을 갖춘 대학에서 다시 유의미한 경험을 기대한다고 덧붙인다면 지원하려는 동기가 충분히 있는 내용이 됩니다. 그와 관련한 사례를 살펴보겠습니다.

> 대학에 기대하는 바와 구체적 사례를 작성하여 합격한 예
>
> …다양한 변수가 존재하기 때문에 시간, 장소, 온도, 음식의 종류 등의 변인을 설정하여 결과를 확인해보았습니다. 완전히 멸균된 실험환경을 조성할 수 없고, 오염도의 정밀한 측정을 위한 고가의 장비 또한 구할 수 없다는 어려움이 있었지만, 주어진 환경에서 최대한 가설을 증명하는 실험 결과를 얻기 위해 모눈종이를 활용하여 미생물이 차지하는 면적의 크기를 측정해서 오염 정도를 비교했습니다.

좋은 장비나 기술이 없는 고등학생으로서 과정만은 다양하고 면밀하게 진행하자는 취지로 실험을 반복했지만, 안전기준을 확인할 수 없었고 미생물의 영역까지는 접근할 수 없었다는 아쉬움이 남았습니다. 대신 습기가 많은 곳보다는 건조한 곳이 오염도가 매우 적었으며, 대리석이나 장판보다는 나무 바닥이 덜 오염이 되는 등의 더 나은 환경을 찾을 수는 있었습니다.

이 문항에 대한 답을 작성하면서 생활기록부 내용을 그대로 옮기는 경우가 가장 많습니다. 이 문항을 작성할 때는 구체적 이야기를 담아내야 합니다. 고등학교에 다니면서 정말 의미 있었던 경험을 구체적인 이야기로 진솔하게 풀어나가야 합니다.

학과 홈페이지를 활용해서 내용을 구성해야
준비된 인재가 보인다

진학을 위해서 대학과 학과의 홈페이지에서 실험에 대한 교육과정과 실험에 해당하는 학점까지 확인했다면, 이 학교가 실험을 매우 활발하게 하고 있다는 사실은 충분히 알게 될 것입니다. 자기소개서에 어떠한 활동을 기술할지 결정이 됐다면 그 활동을 하면서 느낀 점을 구체적으로 서술하고, 그 활동을 하는 과정에서 겪은 변화를 기술할 것을 권합니다.

2번 문항에 대한 평가요소로 중요한 것은 '무엇을'이 아니라 '어떻게'입니다. 가산점과 감점의 기준은 무엇을 했느냐가 아니라, 무엇을 어떻게 했고 그 의미가 무엇인가입니다. 고등학생이 고가의 장비로 실험할 수는 없고 실험 결과도 비슷비슷하기 때문에 획기적인 '무엇을' 쓰고자 고민하지 말고 그 과정을 떠올려야 합니다. 자신의 경험을 구체적이고 논리적으로 작성하는 데 힘을 쏟는 게 중요합니다. 학습플래너에 상세하게 기재된 내용이 있으면 2번 문항을 작성하는 데 큰 도움이 될 것입니다.

3

3번 문항의 설계
; 조직문화와 인성

문항 3 : 학교생활 중에서 배려, 나눔, 협력, 갈등 관리 등을 실천한 사례를 들고 그 과정을 통해 배우고 느낀 점을 기술하시오. (띄어쓰기 포함 1,000자 이내)

3번 문항의 취지와 출제 배경

이 문항은 조직문화를 묻는 것입니다. 이는 취업 자기소개서에도 동일하게 등장합니다. 조직문화는 최근 10여 년간 매우 중시되는 사항입니다. 작은 사회인 학교에도 갈등과 경합이라는 조직문화가 존재합니다. 그래서 조직문화에서 갈등이 생겼을 때 관리할 능력이 있는가, 조직문화를 대하는 지원자의 성향과 인성은 어떠한가를 평가하고자 합니다. 이 문항의 전제는 아래와 같습니다.

①학교생활 중에 선택하여 작성할 것

②배려, 나눔, 협력, 갈등 관리를 소재로 할 것

③사례를 들어서 서술할 것

④과정을 통해 배우고 느낀 점을 명시할 것

문항의 전제와 요구사항을 무시하지 말자

문항이 전제하고 요구하는 내용을 피해 가서는 안 됩니다. 자신의 평소 생각을 작성하면 안 되며, 한 개 이상의 실천 사례를 꼭 들어야 한다는 전제를 지켜야 합니다. 공통문항 1번과 2번이 분석적 글쓰기라면, 3번은 30%의 분석적 내용과 70%의 구체적 체험이 혼용된 문항이라고 할 수 있습니다. 자신을 너무 비약하거나 미사여구를 사용해서 작성하지 않아야 합니다.

3번 문항은 타인과의 소통 경험을 토대로 공동체 문화를 대하는 태도를 평가합니다. 학교라는 공동체에서 발생하는 경험은 다양하지만 그 내용은 매우 비슷합니다. 그래서 학생들은 3번 문항을 작성할 때 가장 어려워합니다. 문항이 어려운 것이 아니라 쓰기가 어렵다는 것입니다.

욕심을 내려놓고 무리한 내용을 만들지 말자

학급에서 급우들과 상호작용하는 활동이 다양하고, 동아리 활동이나 봉사활동, 학교 행사까지 글감으로 활용할 범위가 너무 넓어 어려움이 있습니다. 3번 문항은 모든 요소(배려, 나눔, 협력, 갈등 관리)를 다 작성하라는 뜻이 아닙니다. 그래서 문항의 의도를 파악하지 못해서 모든 내용을 각각 끼워 맞추듯 쓰는 경우가 많습니다. 이 문항은 지원자가 공동체에서 발휘한 역량을 평가하기 위한 것이므로 제시하고 싶은 역할에 근거해서 작성하면 됩니다.

Ⓐ"나는 항상 서포터의 역할을 담당했기 때문에 눈에 보이지 않는 조력자로서 고등학교 생활을 했다." Ⓑ"항상 앞에 나서는 성격이

아닌데도 주변 사람들의 추천이나 권유를 받아 어울리지 않는 반장(회장)을 항상 배치받는 바람에 고등학교 생활이 매우 힘들었다."
ⓒ"항상 소극적인 성격이어서 눈에 띄지 않는 사람이었다. 나는 나의 역할에만 집중한 사람이다." 모두 괜찮습니다. 그러면 각각의 캐릭터에 따른 작성 방향을 살펴보겠습니다.

사례	Ⓐ "나는 항상 서포터의 역할을 담당했기 때문에 눈에 보이지 않는 조력자로서 고등학교 생활을 했다."
	Ⓑ "항상 앞에 나서는 성격이 아닌데도 주변 사람들의 추천이나 권유를 받아 어울리지 않는 반장(회장)을 항상 배치받는 바람에 고등학교 생활이 매우 힘들었다."
	ⓒ "항상 소극적인 성격이어서 눈에 띄지 않는 사람이었다. 나는 나의 역할에만 집중한 사람이다."
캐릭터의 구현	조력자의 사회적 역할 (모두 리더를 지향하는 이분법적 사회는 이미 지났다)
	역할이 사람을 만든다는 사회적 역할론에 충실한 것도 발전의 초석이 되었다.
	소극적인 성격이 오히려 관찰력을 키워주었고, 눈에 보이지 않는 배려와 나눔이 가능했다.
3번 문항의 내용	서포터의 역할은 학우들에게 도움이 될 수 있는 자료준비나 갈등을 해결하는 교류의 핵심인물이 될 수 있었다.
	자의나 타의나 리더의 역할은 항상 학우들의 동의를 구할 수 있어서 도움을 줄 수 있었다.
	리더나 부반장 등이 할 수 없는 학급의 개인적 멘토 역할이나 눈에 띄지 않는 나눔의 역할을 도맡아서 할 수 있었다.

캐릭터 구현이 논리적으로 맞는다면 한 편의 스토리를 만들 수 있

을 것입니다. 어떤 소재를 선택해도 좋습니다. 자신만의 진솔한 경험에 따라 요구조건을 작성해도 됩니다. 어떤 소재를 선택하는지가 중요한 것이 아니라 자신의 나눔(협력과 갈등 관리) 과정과 결과를 작성하고, 그 후 느낀 점을 구체적으로 표현하는 것이 중요합니다.

소소한 경험에서 차별화의 소재를 찾자

3번 문항은 평가자 입장에서 보면 가장 유사한 내용을 읽게 되는 문항입니다. 고등학교의 경험이 대단히 획기적이거나 파격적이지 않기 때문입니다. 환경의 제약이 있기 때문입니다. 그래서 비슷한 글의 내용이 많습니다.

대외활동이라고 할 수 있는 봉사활동, 멘토로 친구의 공부를 돕고 몸이 불편한 친구를 도운 이야기, 단체 활동에서 구성원 간의 의견 차이를 소재로 쓰는 경우가 가장 많습니다. 흔한 소재가 모두 좋지 않은 건 아닙니다. 하지만 1번 문항에서 밝힌 바와 같이, 성적이 비슷비슷한 지원자들의 자기소개서 내용에서 유사한 내용을 선호하는 예도 찾기 힘듭니다. 자기소개서를 작성할 때 가장 중요한 '차별화'를 고민해야 합니다.

유사하고 재미없게 쓰기 좋은 이 문항을 차별성 있게 작성하기 위해서는 자신의 캐릭터를 먼저 구현할 수 있어야 합니다. 캐릭터의 구현이 가능하다면 진솔한 사례를 찾을 수 있고, 그러면 참신한 내용이 될 수 있습니다. 스토리를 구현한다고 생각하고 작성하길 권장합니다.

참신한 내용을 작성하기 위한 전제를 다시 살펴보면 다음과 같습니다.

①이 문항은 조직(공동체)에 대한 인성을 평가하는 문항이다.

②유사한 내용이 가장 많은 문항이다.

③참신한 내용을 작성하려면 자신의 활동에서 캐릭터를 구현해야 한다.

④캐릭터를 설정하면 스토리를 구상한다.

아래의 사례는 반장으로서 축구의 옐로카드와 레드카드 제도를 활용한 규칙을 제공함으로써 학우들에게 협업이라는 가치를 구현한 것입니다.

협업을 서술하면서 다양한 요소가 구현된 예

… 저는 항상 학우들에게 제 의견을 양보하고 제 주장보다 학우들의 의견을 존중하는 편이었지만, 교과 시간에서 행하는 욕설과 과도한 반칙은 학우들을 다치게 할 수도 있고 갈등으로 발전할 수 있어서 공익을 위한 개선이 필요했습니다.

저는 '레드카드 제도'를 제안했습니다. 욕설하는 친구에게 1회 경고를 하고, 경고 2회가 누적되면 퇴장당하는 제도입니다. 반대하는 의견을 들어보니, 운동 중에는 흥분하여 퇴장을 받아들이기가 힘들다는 것이었습니다. 협의 과정에서 의견은 존중하지만 활동도 수업의 일부라는 점을 설득했고, 다행히 이를 시행하기로 협력해 주었습니다.

반대 의견과 시행의 타협점인 대안은 곧바로 퇴장시키지 않고 다음 경기에서 제외하는 것이었고, 이 제도를 반대했던 친구들도 자신들이 관리자라는 책임감을 느끼게 되어 전보다 원활히 운영되었고, 협력과 동참으로 체육대회 우승도 이룰 수 있었습니다.

위 예문에서 작성자가 구현하고자 한 캐릭터는 '반장으로서 체육활동에 규칙은 필요했고, 적절한 규칙을 통해 개선되었다는 점. 규칙을 받아들이고 나서 협력을 통해 동참을 이끌어 체육대회에 우승한' 경험입니다.

3번 문항은 미래 사회 구성원의 공동체(조직)에서 사고방식과 태도를 평가하는 문항입니다. 그 내용을 생각이 아니라 경험을 통해 살피고자 합니다. 우리 사회에 필요한 '시대의 인재상'을 생각해볼 필요가 있습니다. 현대사회에는 다원성과 다양성이 공존합니다. 30년 전에는 리더를 지향하는 것이 사회적 목표였지만, 현재는 리더(엘리트)의 기준이 다양해졌습니다. 문항에서 요구한 '배려, 나눔, 협력, 갈등 관리'라는 상호작용(소통)을 할 줄 아는 인재를 선발하고자 합니다.

따라서 '다원성의 시대에 조직(공동체)과 소통할 수 있는 인재'임을 강조할 수 있어야 하고, 이에 적합한 사례를 통해 항목의 요구조건을 증명할 수 있는 내용을 작성하는 것이 답변으로 타당합니다.

4

4번 A형 문항의 설계
; 대학이 선호하는 인재는?

문항 4. (선택) 해당 모집단위에 지원하게 된 동기와 지원하기 위해 노력한 과정을 구체적으로 기술하시오. (1,500자)

문항의 요구사항은 다음과 같습니다.

①해당 모집단위 제시(간단하게 제시)

②지원하게 된 동기는 무엇인가?

③지원하기 위해 노력한 과정은 무엇인가?

이 항목에 대한 평가요소는 무엇인지 살펴봅시다.

①지원 단위가 요구하는 인재는 어떤 인재인지 숙지하고 있는가?

②동기가 적절한가?

③지원 단위에 적절한 노력 과정이 적절하게 제시되었는가?

이 주제에서 벗어난 내용은 적절하다고 볼 수 없습니다. 아래에 제시되는 사례는 경영학과에 지원하게 된 학생으로서 지원동기를 밝힌 것입니다. 경영과 사회해석의 융합인재로서 준비된 인재임을 강조하기 위해서 '소비문화와 사회의 트렌드를 읽고, 수요 분석에 대한 전문인이 되고자 지원하게 되었다'는 동기를 밝힌 사례입니다.

··· 저는 4차 산업혁명 이후의 IT 컨설턴트를 목표로 지원하게 되었습니다. 제가 직업 관련 탐구 활동을 통해 알게 된 사실은 대부분의 IT 회사가 기술 위주의 발전을 이루어왔지만, 반면 소비문화와 사회의 트렌드 형성의 관점에서 보면 소비자의 수요를 정확히 파악하는 문제에 어려움을 겪고 있다는 사실이었습니다. 그래서 저는 IT 회사와 사회문화 트렌드를 효율적으로 통합하는 전문인재가 되기 위해 지원하게 되었습니다.

위 예문을 분류하면 다음과 같습니다.
①4차 산업에 대응하는 진로(목표) 제시
②기술발전은 이미 진화했으나, 소비문화의 해석은 아직 부족하다.
③그래서 소비의 문화를 읽고, 그 트렌드를 분석하는 전문인재가 되고자 지원하였다.

지원동기를 쓰려면 글자 수를 활용해서 구성해야 한다

약 200자로 명료한 진로(목표)에 따라 지원 이유(동기)를 밝히는 내용입니다. 전체 분량의 1/7이어서 구성이 탄탄하며, 문항의 요구사항에 적절히 대응한 내용이라고 할 수 있습니다. 이 작성자는 나머지 6/7의 분량에서 노력 과정을 착실하게 작성할 수 있습니다. 문항이 요구하는 사항이 무엇인지 구성계획을 설정해서 작성했다는 점, 내용의 충실성과 적절함, 주제의 명료성으로 가산점을 받을 것입니다. 그러면 노력 과정을 함께 살펴보겠습니다.

…사회문화 과목을 이수하면서 현대사회의 트렌드에 대해 집중하여 도서와 신문기사 등을 깊이 있게 읽고 사회현상의 인과관계와 유기성을 연구했습니다. 그 결과 현대사회는 예전 사회보다 개인주의로 이행하는 과정에서 수요 형태에 많은 변화가 일어났고, 특히 기존 세대와 신규 세대의 갈등이 결국 소비와 수요 전반에 영향을 준다는 사실을 알았습니다.

실제로 드라마나 영화에 등장하는 조직문화는 합리적 개인주의를 지향하기 때문에 혼술, 혼밥 같은 개인주의 문화를 일으켰고, 개인의 힐링(Healing) 문화와 의식주 문화의 변화로 이어졌다는 것을 읽어낼 수 있었습니다. 저는 이 과정을 통해 사회의 트렌드를 읽는 것은 결국 인간을 이해하는 것이란 점과 향후 미래 사회의 인과관계를 읽어내는 데 매우 중요한 요소임을 알게 되었습니다. 이 과정을 그래프로 그려보니 사회문화를 해석하는 분석 도구(tool)가 만들어졌고 그 후 발표에 활용할 수 있었습니다.

위 예문은 문항에서 요구한 노력 과정을 서술합니다. 내용을 살펴보면 다음과 같습니다.

①현대사회의 트렌드 분석 과정

②사회현상의 인과관계 분석

③조직문화와 현대사회의 혼밥, 혼술 문화의 파생 과정 등에 대한 도서와 신문 활용 사례 제시

④도구(표, 그래프)를 활용한 사회문화 분석 정리 경험 제시

그 결과 '경영학과가 추구하는 마케팅과 사회분석에 대해서 도구를 활용할 줄 알고, 그 노력 과정이 학교의 발표수업과 연계되어 있으며, 평소 사회문화를 해석하고 수요를 분석해온 학생이다'라고 평가할 수 있겠습니다. 이처럼 문항의 요구조건이 학과와 연계된 노력 과정을 구체적으로 서술해야 한다는 점에서 적절하고 연계성 높은 내용이라 할 수 있습니다.

5

4번 B형 문항의 설계
; 당위성 증명하기

문항 4. (선택) 해당 모집단위에 지원하게 된 동기와 학생을 선발해야 하는 이유에 대해 서술하시오.

4번 문항은 학교마다 약간 다르지만, 그 공통분모는 지원동기와의 차별화입니다.

공통점		차이점	분석
지원동기와 학교 (학과)에 지원한 동기를 밝힘	A	학생을 선발해야 하는 이유에 대해 서술하시오. (당위성을 증명하시오)	당위성 (과정과 구체적인 학업계획 모두 포함)
	B	지원하기 위해 노력한 과정을 구체적으로 서술하시오.	노력해온 과정으로 증명

과거 중심의 서술방식이냐, 과거-미래의 로드맵 통합서술이냐

A의 평가 기준은 과정과 구체적 학업계획이며, B의 평가 기준은 미래(계획)에 분량을 할애하지 않은 과거(경험)를 토대로 한 과정 중심입니다. 따라서 이 문항은 선발되어야 하는 당위성을 논리적으로

증명하라는 것입니다.

학생 선발 이유를 서술하기 위해서 학과의 특징이나 교과 내용을 확인하고자 대학과 학과의 홈페이지를 찾아보아야 합니다. 전공의 특징, 교수진, 교육과정 등을 조사하는 것입니다. 이 과정에서 학과의 학생 선발 취지나 학과의 존재 이유를 분석하고, 내 생활기록부 및 수학 계획(受學計畫)과 어떤 연관성이 있는지 찾아야 합니다. 한 걸음 더 나아가면 준비 과정-자신의 자원-학업계획이 하나의 스토리로 엮이면서 자신만의 강조하고 싶은 점을 개요로써 작성합니다.

다만 주의해야 할 점은 홈페이지의 학년별 교육과정이나 홈페이지를 공부한 내용을 나열하는 내용을 쓰지 않아야 한다는 것입니다. 연관성이 없는 내용은 삭제의 원리에 따라 포함해서는 안 됩니다.

선발 이유와 당위성을 구성하고 작성하자

문항이 요구하는 학생 선발 이유를 밝히는 것이 답안의 목적이므로 아직 검증할 수 없는 학업계획보다 해당 전공을 기반으로 실현 가능한 학업계획의 당위성과 필연성을 증명하는 데 작성 목적이 드러나야 합니다.

자기소개서를 작성하면서 지원자가 흔히 겪는 어려움은 4번 문항을 1, 2, 3번 문항과 다른 특별한 문항으로 받아들여서 구성 과정에서 무너지는 것입니다. 계획이 원대하여 거창하게 포부를 밝히려다 글자 수 제한에 걸려 정작 써야 하는 내용을 생략하기도 합니다.

따라서 1, 2, 3번 문항에 대한 답을 작성하는 패턴과 같이 생활기록부를 들여다보면서 학교(학과) 홈페이지의 내용과의 공통분모를 찾고, '저는 이 학교(학과)에서 추구하는 인재에 맞는 학습계획을 가지고 있다.'라는 점을 강조해야 합니다.

흔히 4번 A형과 같이 과정을 작성할 때는 경험을 토대로 증명하지만, B형 문항은 과정을 요구하지 않으므로 참고한 학교 홈페이지의 자료를 1차 자료로 활용하면 안 됩니다. 대학의 인재상과 대학이 요구하는 바를 인지해서 작성해야 합니다. 4번 B형 문항은 1, 2, 3번 항목과 다를 바가 없다는 것을 반드시 숙지하기 바랍니다.

문항의 요구사항은 다음과 같습니다.
①(학생이) 모집단위(학과와 전형)에 지원한 동기는 무엇인가요?
②(학교가) 학생을 선발해야 하는 이유는 무엇인가요?

이를 간단하게 표로 정리하면 주어가 다르다는 것을 알 수 있습니다.

주어	작성 내용	중심내용	작성 목적과 방법
학생이	지원한 이유	당위성	학교에서 선발하고자 하는 인재임을 증명
학교가	선발해야 하는 이유		선발되어야 하는 이유와 근거를 증명

이 문항에 대해서 구체적으로 작성하기 위해서는 주어를 잘 활용해야 합니다. 자기소개서를 작성하는 데 익숙하지 않다면, 주어가 다른 문단의 구성을 활용할 수 있어야 하겠습니다. 그래서 본론

의 내용은 ①지원동기에 대해 구체적 내용, ②학교가 나를 선발해야 하는 이유입니다.

선발 근거와 이유의 당위성을 논리적으로 제시한다

주어가 '학생'일 때 지원동기를 제시한 예

··· 저는 질병을 앓고 있는 분들을 보면서 가족력에 의한 질병에 관심이 많았습니다. 유전적 질병에 대한 근본 치료가 가능한지 의구심이 생겼고, 이는 생명공학에 관한 관심과 애정으로 이어지게 되었습니다. 그래서 '유전자 가위'에 대해 관심을 가지고 전문자료와 전공 서적을 찾아 탐구하고, 표와 그래프를 활용해서 자료를 만들어 수업에서 발표하기도 하였습니다. 유전적 질병에 관한 탐구 활동과 전문 지식을 접하면서.

이 학생은 생명공학과에 지원하게 된 근거와 이유(지원동기)를 서술하고 있습니다. (경험) 관심 → (질병에 대한) 의구심 → (학문에 대한) 애정 → (전공 관련) 심화 활동 순으로 이어집니다. 유전자 가위의 학습개념과 학교 활동을 제시하고 있으므로 생활기록부 내용과 해당 학과의 홈페이지 내용을 적절하게 연결했다고 볼 수 있습니다.

자기소개서에서 요구하는 학생 선발 이유를 작성하면서 자신의 원대한 계획(포부)을 밝히는 것보다 근거와 경험을 토대로 홈페이지(학과)의 내용을 접목하여 작성하는 것이 이 문항 작성의 목표가 되어야 합니다.

생활기록부를 토대로 학교가 학생을 선발해야 하는 이유를 작성한 예

…전문 경제학자의 꿈에 한 발 더 다가가고자, 저와 같은 분야에 관심이 있는 학우들을 모아 경제학 자율 동아리 '○○'을 만들어 회장으로 활동하였습니다. 동아리 시간마다 '소득 주도 성장' 등 경제와 관련한 주제로 토론을 했고, 발표하기 등 다양한 활동을 교실에서 했습니다. 덕분에 저를 포함한 모든 동아리 구성원은 '경제학'이라는 학문에 더욱 가까워질 수 있었습니다. 특히 현대사회의 불평등에 관심 있던 저는 진로 활동 시간에 '최저임금을 1만 원으로 인상해야 하는가?'를 주제로 한 실험 논문에서 "노숙자에게 일부 경제적 지원이 있을 때 사람들은 어떤 반응을 보일까?"라는 문제를 적용해 보고, 사람들은 자신의 발전에 약간의 여유만 있어도 투자하는 인성과 소양을 가지고 있다는 점을 읽을 수 있었습니다.

이러한 다양한 관점에서 저는 사회를 이해하고 사회적 약자를 배려하는 경제의 영향을 연구하고 싶다고 생각했습니다. 또 전문화한 융합학문으로서의 접근이 경제학을 한걸음 발전시킬 수 있는 계기가 될 것으로 확신하게 되었습니다. 이론 경제에서 한걸음 더 나아가 응용경제를 할 때 더 재미있고 성취감과 가치를 발견할 수 있었습니다.

이 학생이 설정한 자신의 캐릭터는 사회 불평등에 관심을 가지고 다양한 논문을 찾아보면서 학교에서 불평등을 해결하기 위해 또 특정 학과에 지원하기 위해서 노력한 것입니다. 전문 경제학자, 사회 불평등 연구, 융합학문으로서의 인재, 이론 경제에서 나아가 현실 경제학자로서 발돋움하기 위해서 노력하는 인재라는 선발 이유를 설명하는 사례입니다. 이처럼 명료한 목적과 과정을 밝혀서 학교가 자신을 꼭 선발해야 하는 이유를 스스로 증명할 수 있어야 합니다.

3장

캐릭터를
만드는 개요표와
작성 사례

1

1번 문항의 개요표와 작성 사례
; 개요 따라 쓰기

1. 1번 문항의 개요표와 작성 사례 : 개요 따라 쓰기

자기소개서를 작성하기 위해서는 생각을 구성하는 지표(형식)가 필요합니다. 개인마다 사고과정을 구성하는 형식은 다르지만, 문항의 요구사항에 대응하는 기본 내용은 비슷합니다. 문항의 요구사항을 반영하여 표를 작성하고 내용을 구성해야 도움이 될 것입니다. 1번 문항이 요구하는 사항은 크게 세 가지이며, 내용을 구체화하기 위해서는 다음과 같은 표를 활용할 수 있습니다.

문항 1 : 고등학교 재학 기간 중 학업에 기울인 노력과 학습 경험에 대해 배우고 느낀 점을 중심으로 기술하기 바랍니다. (띄어쓰기 포함 1,000자 이내)

문항의 요구사항	소재	작성 내용				구성
무엇을	과목	차별성(변별성)의 내용(자신만의 장점)	지원 학과와의 연계성	객관적 자료(생활기록부 내용)	사례(경험)	글자수
①학업에 기울인 노력						
②학습 경험						
③배우고 느낀 점						
비고						

위의 표를 '심리학과에 지원하기 위해 평소 다양한 심리학 관련 도서를 읽어왔고, 특히 행동심리학에 관심이 많아서 연구한 인재'라는 캐릭터로 구성하면 다음과 같습니다. 구체적 내용을 서술하기 위해서 표를 작성할 때는 개요(표)를 보고 작성할 수 있도록 상세히 서술해야 합니다.

개요표를 활용해서 1번 문항에 대한 답을 설정한 예

문항의 요구사항	소재	작성 내용			구성
무엇을	과목	차별성(변별성)의 내용(자신만의 장점)	지원 학과와의 연계성	객관적 자료(생활기록부 내용)	글자수

① 학업에 기울인 노력	사회	① 프로이트의 정신분석학 ② 스키너의 행동심리학 ③ FBI의 행동심리학 연구 등 심리학 관련 서적을 주로 읽음	심리학과의 전공 필수과정 교재와 동일한 책을 읽었음	사회문화, 윤리와 사상에서 심리학과 관련한 동일개념을 많이 찾을 수 있었음	400
② 학습 경험		사회문화의 심화 과정에서 발표 수업을 준비하기 위해 이해를 높이려면 기본서를 바탕으로 사례에 적용할 수 있는 개념 노트를 제작함	학습 경험이 경험 노트와 분석표로 심화하였고, 발표 수업에서 많은 학우의 공감을 얻음.	적어도 심리학과에 지원하고자 하는 인재로서 사회문화에는 동기부여가 되어 시간을 투자하고 개념을 표와 그래프, 개념 노트를 활용함	300
③ 배우고 느낀 점		심리학에 관심을 두고 관련 서적을 읽다 보니, 학우들의 행동에는 특정한 패턴이 있었고, 또 행동을 연구 및 적용할 수 있는 심리학의 경험이 전공에 관한 관심과 학업에도 도움이 되었다.	심리학은 인문학에 그치지 않고 사회를 해석하는 중심학문이며 학문을 연구하는 성격보다 인간을 연구하는 학문의 특징을 배움.	학업은 시간을 투자하는 만큼 적절한 성적으로 보상된다는 점을 알게 되었고, 스스로 이해하기 위한 나만의 방식을 활용해야 하는 점을 알게 됨.	300
비고	심리학은 학문에 그치지 않고, 행동의 인과관계를 밝히고 인간의 행동이 결국 사회의 다양한 현상을 파생하는 중요한 학문임을 배우고, 그 동기부여가 학업에도 영향을 주어서 높은 점수를 유지하는 계기와 동력이 되었음을 강조				

앞의 내용을 토대로 1,000자의 1번 항목을 작성한 사례입니다.

저는 심리학과에 지원하기 위해서 심리학과의 필수도서인 《프로이트의 정신분석학》과 《스키너의 심리상자 열기》, 그리고 《FBI의 행동심리학》으로 사회를 이해하는 데 심리학적 인과관계를 적용했습니다. 그리고 이를 중심으로 고등학교 사회문화를 이해하는 도구로써 활용할 수 있었습니다. 사회문화는 사회의 현상을 이해하는 교과입니다. 심리학의 관점에서 이를 융합해보면 사회현상은 그 인과관계를 중심으로 이해할 때 전체를 이해할 수 있었습니다. 그래서 심리학과의 전공필수과정과 동일한 서적을 읽으면서 이해도가 높아졌고, 사회문화, 윤리와 사상에서 심리학과 관련한 동일개념을 많이 찾을 수 있었습니다. 익숙한 내용은 학습에도 도움이 되어서 항상 사회문화와 탐구영역의 교과 성적은 1등급을 유지할 수 있는 원동력이 되었습니다.

심리학과에 지원하고자 하는 의도가 사회문화에 동기부여가 되어 시간을 투자하고 개념을 표와 그래프, 개념노트를 활용했습니다. 이러한 학습 경험이 경험 노트와 분석표를 활용하는 심화 활동으로 이어졌고, 발표 수업에서 "심리학에 평소 관심이 없었지만 발표를 통해서 관심을 갖게 되었다."고 말해 많은 학우의 공감을 얻을 수 있었습니다. 발표 수업 후에도 기본서의 개념과 적용 사례의 통계에 적용할 수 있는 개념노트를 제작해서 개인의 이해를 높이고, 관련 내용을 정리하고 다른 사례나 댓글의 문화 현상 연구 등 발전된 활동을 심화할 수 있었습니다.

저는 이 과정에서 학업은 시간을 투자하는 만큼 적절한 성적으로 보상된다는 점을 알게 되었고, 스스로 이해하기 위한 나만의 방식을 활용해야 하는 점을 알게 되었습니다. 그래서 학문은 배움의 영역에 그치는 것이 아니라 사회를 해석하는 데 목적이 있으며 인과관계를 밝히고자 하는 흐름을 읽을 수 있었습니다. 저는 심리학에 관심을 두고 관련 서적을 읽으면서 오히려 고등학교의 교과에서 많은 도움을 받았습니다. 그리고 학우들의 행동 패턴을 관찰하면서 암기할 수 있었고, 교과에 관한 관심과 학업에도 도움이 되었습니다.

2

2번 문항 개요표와 작성 사례
; 활동에 집중하기

문항 2. 고등학교 재학 기간 중 본인이 의미를 두고 노력했던 교내 활동 (3개 이내)을 통해 배우고 느낀 점을 중심으로 기술하기 바랍니다. 단, 교외 활동 중 학교장의 허락을 받고 참여한 활동은 포함됩니다. (띄어쓰기 포함 1,500자 이내)

공통항목 2번을 작성하기 위한 개요표는 다음과 같습니다.

요구사항	활동 소개	배우고 느낀 점(사례 제시)
고등학교 재학 기간 중(제한)		
의미를 두고 노력한 활동은 무엇인가? 활동(1)		
의미를 두고 노력한 활동은 무엇인가? 활동(2)		
학교장 허락하에 활동한 경험 (허용 사항)		
비고(추가 사항이나 강조하고 싶은 내용)		

이 문항에 관해서 사례(활동 1, 2)와 배우고 느낀 점을 각각 작성하

기도 하고, 통합하여 활동 1과 2를 작성하기도 합니다. 하지만 각각의 항목에서 구성해서 사례와 배우고 느낀 점을 작성하는 것이 도움이 될 것입니다. 배우고 느낀 점은 활동에 대한 시사점입니다. 즉 문항에서 요구하는 필수항목을 1개보다 2개로 분류해서 작성하는 것이 좋습니다. 평가의 요소가 활동이라기보다 배우고 느낀 점에 있기 때문입니다. 사례를 살펴보면 다음과 같습니다.

의미 있는 활동과 배우고 느낀 점을 작성할 때, 1번 문항의 교과 활동에서 작성하지 못한 지원 학과의 연계성을 적용한 예

의미를 두고 노력한 활동은 무엇인가? 활동 (1)

활동 소개 : 국어국문과에 지원하려고 나만의 차별성과 깊은 심화 활동을 위해 국어와 한국사가 같은 날 수업이 있는 날에는 항상 종합장을 이용해서 국문학사와 한국사를 통합하여 구성해보았음.

그러면서 국어 교과의 발표수업과 심화 토론을 위해 학습개념을 정리한 개인융합학문 노트를 작성하는 활동이 가장 의미가 있었고, 한국사와 국어사의 연계성과 연표를 그리면서 통합적 이해를 도출하는 활동이 가장 인상적이었음.

최근에 융합학문이 인문사회계열의 가장 중요한 가치로 주목받고 있다는 것을 나중에 알게 되었지만, 이러한 융합학문으로서의 국어와 한국사의 융합적 이해는 개별 지식에서 한 걸음 더 나아가서 역사와 문학의 인과관계를 이해하는 계기가 되었음.

특히 이러한 점을 활용해서 발표수업과 토론 수업에서 역량을 발휘하였고, 담당 선생님들에게 많은 칭찬을 받았음. 깊이 있는 이해도로 학습방법의 융합 개념을 깨닫게 되는 계기가 되었음.

배우고 느낀 점(사례 제시) : 최근에 융합학문이 인문사회계열의 가장 중요한 가치로 주목받고 있다는 것을 나중에 알게 되었지만, 이러한 융합학문으로서의 국어와 한국사의 융합적 이해는 개별 지식에서 한 걸음 더 나아가서 역사와 문학의 인과관계를 이해하는 계기가 되었음.

특히 이러한 점을 활용해서 발표수업과 토론 수업에서 역량을 발휘하였고, 담당 선생님들에게 많은 칭찬을 받았음. 깊이 있는 이해도로 학습방법의 융합 개념을 깨닫게 되는 계기가 되었음.

의미를 두고 노력한 활동은 무엇인가? 활동 (2)

활동 소개 : 군산과 익산, 순천 일대를 방문하는 수학여행에서 일제 강점기의 주택과 채만식 문학관 등을 관람한 경험은 평소 관심 있게 읽었던 1930년대 소설의 배경을 실제 체험할 수 있어서 가장 의미 있는 활동이었음.

특히 채만식의 소설 태평천하나 탁류 등의 무대가 된 군산과 순천 일대의 방문은 수탈과 약탈의 무대라는 역사적 의미가 있는 경험이었음.

배우고 느낀 점(사례 제시) : 역사적 사실이 문학과 별개가 아니라는 사실을 몸소 체험해서 의미가 깊은 활동이었음.

지역의 답사와 방문을 통해서 현장감을 느끼며 '내가 1930년대 태어났다면 어땠을까?'의 질문을 하면서 현대문학의 실제 배경을 체험하고, 다양한 문학으로 접근할 수 있는 계기가 되었음.

비고(추가 사항이나 강조하고 싶은 내용) : 문학을 이해하면서 배운 내재적 관점과 외재적 관점 개념을 깨닫고, 융합학문은 단순하게 학문의 단편적 이해에서 오는 것이 아니라 한국사-문학사-사회의 통합 개념임을 알 수 있는 활동이 인문학 지원자로서의 소양을 기를 수 있는 특별한 경험이었음.

위의 내용을 토대로 2번 문항의 자기소개서를 작성하면 다음과 같습니다.

고등학교 재학 중 가장 인상 깊고 의미 있던 활동은 첫째, 발표수업과 개인 융합 노트 작성과정에서 알게 된 융합학문의 개념, 학과의 연계성, 개념의 연계성이었습니다. 둘째, 수학여행에서 학문과 현장의 체험을 통해 역사의 흐름을 느낀 경험입니다.
항상 국어교육과를 꿈꾸면서 관심 있게 읽어왔던 1930년대 소설과 한국 근현대사는 제가 많은 영감을 주었고, 한국사라는 시대적 배경이 개인 시대별 노트를 만들게 하였습니다. 한 페이지를 양분해서 상위에는 문학사와 주요작품을, 하위에는 한국사의 연대표를 혼용해서 정리하다 보니 문학사와 한국사를 한눈에 이해할 수 있는 노트를 만들 수 있었고 이를 발표 수업이나 심화 토론에서 십분 활용할 수 있었습니다. 한국사와 국어사의 연계성과 연표를 그리면서 통합 이해를 도출할 수 있던 활동이 고등학교 활동 중에 가장 의미 있는 것이었습니다.

자기소개서를 작성하기 위해 학교의 홈페이지에서 융합학문이 최근 인문사회계열의 중요한 가치임을 알게 되었습니다. 융합학문으로서의 국어와 한국사의 융합적 이해는 개별 지식에서 한 걸음 더 나아가 역사와 문학의 인과관계를 이해하는 계기가 되었습니다. 특히 그 내용으로 발표수업과 토론 수업에서 역량을 발휘할 수 있었고, 담당 선생님들에게 많은 칭찬을 받아 깊이 있는 이해도로 학습방법의 융합 개념을 깨닫게 되었습니다.

군산과 익산, 순천 일대를 방문하는 수학여행도 갈 수 있었습니다. 그곳에서 일제 강점기의 주택 모습이 남아 있는 도시 형태를 체험하고, 풍자소설의 대가인 채만식의 문학관 등을 관람하여 평소 관심 있게 읽었던 1930년대 소설의 배경을 실제 체험할 수 있었습니다. 고등학교 활동 중 가장 의미 있는 활동이라 할 수 있습니다. 특히 채만식의 소설 태평천하나 탁류 등의 무대가 되었던 군산과 순천 일대는 호남평야의 곡물을 일제에 강탈당한 역사의 현장이었습니다. 그 지역은 현재 관광의 가치가 높지만, 과거에 수탈과 약탈의 무대라는 역사적 의미가 있는 곳이어서 제가 특별한 체험이었습니다.

저에게 수학여행은 역사적 사실이 한국의 문학사와 밀접한 관련이 있으며, 그것이 각각의 가치가 아니라는 사실을 체험하는 의미 깊은 활동이었습니다. 군산 일대를 방문하고 답사하면서 '내가 1930년대 태어났다면 어땠을까?'라는 가설을 떠올릴 수 있었고, 현대문학의 실제 배경을 체험함으로써 다양한 문학에 접할 계기가 되었습니다.

　이러한 고등학교 경험은 문학을 이해하면서 배운 내재적 관점과 외재적 관점 개념을 깨달을 수 있는 계기가 되었습니다. 융합학문은 단순히 학문의 단편적 이해에서 오는 것이 아니라 한국사-문학사-사회의 통합 개념임을 알 수 있었습니다. 저의 고등학교 생활은 인문학 지원자로서의 소양을 기를 수 있는 특별한 경험이었습니다.

3

3번 개요표와 작성 사례
; 문항의 요구조건 활성화

문항 3. 학교생활 중 배려, 나눔, 협력, 갈등 관리 등을 실천한 사례를 들고, 그 과정을 통해 배우고 느낀 점을 기술하기 바랍니다. (띄어쓰기 포함 1,000자 이내)

3번 문항을 작성하기 위한 개요표를 구성하면 다음과 같습니다.

요구사항	활동 소개	일반화 과정
학교생활 중에서(전제)		
배려, 나눔, 협력, 갈등 관리의 실천 사례(구체적 서술)		
과정을 통해 배우고 느낀 점		
비고(추가 서술)		

3번 문항은 '작성해선 안 되는 서술방식이나 내용을 작성하는 경우'가 가장 많은 문제입니다. 자신이 하고 싶은 말은 되도록 피하고 문항이 요구사항을 작성해야 합니다. 자기소개서의 점수 산정에서 가장 감점이 많은 항목입니다. 그 오답 사례를 살펴보겠습니다.

오답 사례 1. 배려, 나눔 등의 소재로 자기 자랑만 하는 경우

··· 저는 ○○학과에서 경제의 기초이론을 공부한다는 사실을 알게 되고 경제학을 공부하는 데 수학이 필수라는 것을 알고 있었기 때문에 평소 수학 공부를 열심히 했습니다. 수학 멘토링 활동을 꾸준히 해왔고, 교과 공부를 열심히 해서 수학 과학 골든벨 대회, 수학탐구보고서 대회에서 좋은 성적을 거둘 수 있었습니다. 책임감이 강한 성격이기 때문에 수학 공부만큼은 열심히 했습니다. 고려대학교에 입학해서 심화한 교과과정을 학습하고, 사회에 기여하는 분야를 적극적으로 연구하는 경제연구원이 될 것입니다.

문항의 요구사항은 배려, 나눔 등 인성 영역입니다. 따라서 인성 영역의 서술이 아닌 교과의 서술은 작성해서는 안 되는 것입니다.

오답 사례 2. 배려, 나눔으로 시작해서 지식 자랑으로 변이된 경우

··· ○○과 학생으로서 초등학교 학생들에게 교육 봉사를 할 기회가 있었습니다. 멘토링과 발음 교정 등 함께 교감할 수 있는 경험은 제게 매우 뜻깊은 것이었습니다. 아이들과 함께하면서 저는 학습이라는 기준을 생각해보게 되었습니다.

저는 과제 연구 활동으로 다양한 교육방식(독일의 몬테소리 학교, 영국의 슈타이너 학교)과 장단점을 탐구한 뒤 지식을 배우고 익히는 공부보다 중국의 문화를 사자성어 만화로 표현하기 등 체험 활동 적극적으로 활용하면서 초등학생들이 중국어에 흥미

를 갖고 즐겁게 배우는 것을.

이처럼 3번 항목은 자기 피력과 문항의 요구사항 사이에서 접점을 유지하고 통일성을 구현하기가 가장 어려운 문제입니다. 이러한 내용이 상대적으로 많으므로 문항의 요구사항에 충실한 내용을 찾기가 어렵습니다. 하지만 완성도 높은 자기소개서를 구현하기 위해서는 반드시 거쳐서 가야 하는 과정입니다. 따라서 개요표 작성으로 문항이 요구하는 인성 영역의 사항을 지키면서 중용(中庸)을 유지하기 바랍니다.

치의예과에 지원하는 인재로서 봉사활동을 통해 동기부여가 된 예

요구사항	포함 요소 (요소+사례)		일반화의 과정
학교생활 중에서 (전제)	배려	봉사 활동	독거노인 방문 봉사활동을 통해 사회에서 소외된 노인들이 얼마나 열악한 환경에서 살고 있는지, 그들에게 얼마나 도움이 필요한지 알게 되었음.
배려, 나눔, 협력, 갈등 관리의 실천 사례 (구체적 서술)	나눔		교과 학습과 병행한 봉사활동이 힘든 것은 사실이지만, 마치 손녀처럼 아껴주는 어르신들을 만나는 일은 의미 있고 즐거운 활동이었음.
	협력		봉사활동에 항상 손이 부족한 상황이었는데, 다른 학교에서 봉사활동을 위해 방문하는 친구들과 체계를 상의해서 중복 방문을 줄이고, 마을에 독거노인을 적어도 한 달에 한 번씩 방문하는 계획을 세워서 체계적인 방문 계획과 손을 줄이는 효율적인 봉사활동을 수행할 수 있었음.
	갈등 관리		

과정을 통해 배우고 느낀 점		봉사활동 중에서 세 번째 휴일에 셔틀버스에 어르신들을 태우고 의료봉사활동을 오는 병원이 있었는데, 그 셔틀버스를 보고 의과대학에 지원하고 싶은 마음이 생겼음. 봉사활동은 시간이 없어서 못 하는 것이 아니라 의지가 있어야 할 수 있는 활동이며, 나의 직업이 무엇이 되든 봉사활동은 의미 있는 활동임을 깨달음.
비고 (추가 서술)		봉사활동을 하면서 스스로 동기 부여한 학업에 대해 의지를 높이는 것을 배웠고, 이타적 삶의 가치를 배우고 나서 삶의 목표와 폭이 넓어졌음.

위의 개요표를 토대로 작성한 답안은 글의 구조로 나누어서 살펴보도록 하겠습니다.

제가 고등학생 때 꾸준히 해온 봉사활동은 독거노인을 방문하여 살피고 도와드리는 것이었습니다. 그 어르신들은 경제적으로 어려운 분들이어서 부족한 난방비 때문에 추운 방에 머무르는 분도 많고, 건강 문제를 고민하는 분도 많았습니다. (봉사활동 제시)

관절 질병이 있는 어르신을 도와 계단을 부축하고, 외로운 분들에게 말벗이 되어주었습니다. 학생이 찾아왔다며 즐거워하시는 모습을 보며 친밀감도 생겨서 중학교 시절부터 꾸준하게 유지해 오게 되었습니다. 어르신들은 좋은 말씀을 많이 해주셨는데, 학생인 제가 공부에 충실한 것이 효도하는 것이고 건강관리를 잘해야 한다고 조언해 주시기도 했습니다. (봉사활동의 내용 - 배려와 나눔)

짧지 않은 기간 동안 어르신들을 방문하다 보니 돌아가신 분의 소식도 접했습니다. 그래서 저는 복지 사각지대에 계신 어른들은 추위도 더위도 문제이고, 특히 건강이 문제라는 점을 알게 되었습니다. (봉사활동을 하면서 느낀 실태와 봉사의 필요성 부연설명)

봉사활동을 할 때면 항상 손이 부족했습니다. 그래서 다른 학교에서 봉사하기 위해 방문한 학우들과 함께 방문 계획표를 공유하였습니다. 방문 횟수 등을 상의해서 중복 방문을 줄이고 한 달에 한 번 이상 방문하는 계획을 세워 손을 줄이는 체계적인 봉사활동을 수행할 수 있었습니다. (협력의 상황 제시 - 배려, 나눔, 협력의 가치 활성화)

그리고 사회에 진출하면 어떤 복지혜택을 나눌 수 있을까 고민했습니다. (복지의 확장과 일반화) 외로운 노인분들은 한의사가 동네에 방문해서 의료지원을 오면 침만 맞아도 나은 것 같다고 하시고, 일부 지역의 치과가 휴일에 셔틀버스를 운행해서 틀니를 만들거나 간단한 치료를 하는 것을 보고 치과의사가 되면 셔틀버스를 이용해 어르신들을 도와야겠다고 생각했습니다. (일반화 - 나눔 활동을 통한 자신의 동기부여 제시)

봉사활동이 저의 학업에 많은 동기부여가 되었습니다. 그래서 저는 학업 의욕을 더 가지게 되었고, 노인기관에 방문할 때마다 시험을 잘 봤냐고 물어보시는 분께 시험 잘 봤다고 해야 대견해 하셨기에 복지를 실천하는 의료인이 되기 위해서라도 성적관리에 더욱 힘썼습니다. 그래서 저는 봉사활동을 통해 좋은 성적을 유지할 수 있었습니다. (일반화와 자신의 의견 제시)

4

4번 문항의 개요표와 작성 사례
; 과거 서술형과 통합 서술형

1) 4번 A형 문항의 개요표와 작성 사례 : 과거 서술형

해당 모집단위에 지원하게 된 동기와 지원하기 위해 노력한 과정을 구체적으로 기술하시오. (1,500자)

이 문항은 과거 지향형 문항이라 할 수 있습니다. '대학의 학습계획'에 제시하지 않은 수학 계획(受學計畵)은 쓰지 말고, 지원을 위한 노력해온 과정을 중점적으로 제시해야 한다는 점을 숙지하면서 개요를 작성해야 합니다. 개요표는 다음과 같습니다.

요구사항	작성 내용	부연설명
모집단위에 지원하게 된 동기		
지원하고자 노력한 과정 (1)		
지원하고자 노력한 과정 (2)		
지원하고자 노력한 과정 (3)		

4번 A형 문항의 개요는 그리 어렵지 않습니다. 표를 잘 활용하면

목표하는 자기소개서를 설계할 수 있는 간단한 구조입니다. 지원동기와 과정을 구체적으로 소개하는 것을 바탕으로 하고, 더 추가하고 싶은 내용을 서술하는 구조의 글을 요구합니다. 4번 문항은 크게 두 가지 유형으로 나눌 수 있는데, 과거 지향형 문항인지, 수학 계획을 포함한 과거의 사례와 미래(대학 생활 로드맵)를 혼용한 문항인지 먼저 살펴야 합니다. 이 문항의 특성을 잘 따라가야 합니다.

과거 지향형 자기소개서와 미래 지향형 자기소개서가 어떻게 다를까요? 양분해서 소개해 드리는 과거 서술형 A형과 과거와 미래의 로드맵을 제시하는 통합형 B형의 차이점을 살펴보겠습니다.

A형 요구사항에 맞춘 내용(지원하고자 노력한 과정을 구체적으로 기술)	B형 요구사항에 맞춘 내용 (학생을 선발해야 하는 이유 서술)
– 지원하기 위해서 지원 분야의 교양도서, 학술자료를 꾸준하게 읽음 – 지원하기 위한 교과과정과 교내활동을 제시하고 그 경험을 통해 배운 점 제시 – 특정 분야의 최근 동향과 과정을 익히기 위한 활동을 다룬 기사문, 자료 등을 읽음	– 해당 학과에서 추구하는 가치에 적합한 인재임을 증명 – 지원하기 위한 노력 과정을 밝혀서 자신이 학과의 목적과 정체성에 부합하는 인재임을 명시 – 해당 학과 활동의 로드맵을 제시해서 자신을 선발하는 것이 타당한 선택임을 명시함
– 지원동기 : 해당 학과에 관심을 두게 된 계기와 진로를 명료하게 제시하고, 해당 학과에 지원하게 된 당위성을 구체적으로 서술	

위의 내용을 보면, 문항의 요구사항이 경험(고등학교 과정)을 토대로 작성하는 것인지, 당위성을 통합적으로 증명하는 것인지에 따라 내용이 달라진다는 것을 알 수 있습니다. 따라서 A형 문항에서

는 과거 경험 제시하고, B형 문항에서는 당위성을 증명해야 합니다.

이론상 서로 다른 유형의 특징으로 내용이 명확하게 구분되어야 하지만, 실제로는 내용이 혼재되는 경우가 많습니다. 따라서 4번 문항을 작성하기 위해서는 문항의 요구사항이 무엇인지 숙지하고 작성해야 합니다.

위의 내용을 토대로 개요표를 작성한 예를 살펴보겠습니다. 외과의사를 희망하는 학생이 작성한 자기소개서입니다.

모집단위에 지원하게 된 동기 : 야구선수를 꿈꾸는 동생은 야구부 투수가 되었습니다. 어느 날 몸에 맞는 공을 던져서 상대 타자가 다쳐, 입스(yips: 실패에 대한 두려움으로 발생하는 각종 불안 증세를 말함)에 시달리게 되었습니다. 그 모습을 보면서 물리 치료와 심리치료가 병행되어야 심리적 안정을 찾고 외과 치료가 가능하다는 것을 알게 되었음. 그 후 실력 있는 정형외과 의사를 꿈꾸며 심리학에 관심을 두고 상담과 의학에 관한 소양을 길러왔음.

부연설명 : 미래의 의사 소양 가운데 부상을 입으면 외과적 치료에 심리치료를 병행하는 융합 치료 능력이 필요하다는 것을 알게 되었음.

본과의 의학 지식이 무엇보다 중요함. 따라서 전공의로서 소양을 기르면서 그 순기능을 알게 됨.

나만의 장점은 기본 수학능력을 유지하고, 해당 학과의 전문의로서 상담심리학의 특징을 나만의 무기로 활용할 계획임.

지원하고자 노력한 과정 : 첫째 학점관리, 둘째 의학과에 진학했을 때 상담학을 병행하기 위해 기초 심리학 관련 도서를 읽으며 사회학 개념을 공부함. 셋째, 이러한 사례를 찾아보고 하나의 자료로 제작해서 고등학교 생활에서 로드맵 발표를 진행함. 전교생 앞에서 '상담심리학에 관심 있는 정형외과 의사로서의 준비 과정'을 발표하자, 담임 선생님과 진로지도 선생님이 구체적 진로계획이라고 호평을 받음.

부연설명 : 학과 진학 계획과 구체적인 동기부여가 되고 나서 학점관리에도 도움이 되었으며, 주변 사람들에게 발화한 사실이 스스로가 나태해질 때 부지런한 인물이 되고자 다짐하고 노력하는 계기가 되었음. 그래서 항상 두려워하던 몇몇 과목에서도 적극적인 태도를 지니게 됨.

위의 예를 토대로 완성된 자기소개서는 다음과 같습니다.

우리 가족은 네 명입니다. 제 동생은 어릴 때부터 야구선수를 꿈꾸는 류현진 키즈입니다. 투수를 꿈꾸며 야구를 하던 중, 몸에 공이 맞는 사건으로 오래 방황하게 되었습니다. 그것이 저의 진로를 계획하게 된 계기가 되었습니다. 운동선수가 특정한 환경에서 실패가 두려워 각종 불안 증세를 겪는 것을 '입스(yips)'라고 합니다. 그 사건으로 던지고 싶은 위치에 공을 던지지 못하는 동생의 불안 증세를 보면서 물리 치료와 심리치료가 병행되어야 한다는 것을 알게 되었습니다. 이러한 경험은 앞으로 전문의로서 가져야 하는 소양과 자질을 고민하는 계기가 되었고, ○○대학교에 이러한 학업 환경이 마련된 심리학과가 있으며 관련 연구가 활발하다는 것을 알게 되어 이번 모집에 지원하게 되었습니다. 심리치료와 물리 치료가 병행되면 환자는 안정감을 찾고 외과적 치료를 할 수 있게 됩니다. 두 가지 치료는 모두 중요합니다. 그래서 저는 상담에 능숙한 실력 있는 정형외과 의사를 꿈꾸며 심리학에 관심을 가지고 상담과 의학 소양을 길러왔습니다.

저는 의학과에 지원하기 위해서 첫째, 자기관리를 하며 우수한 학업성적을 유지했습니다. 의학에 지원하기 적합한 성적을 유지하기 위해 여러 가지 노력을 하면서 기본 수학능력을 유지하고, 해당 학과의 전문의로서 상담심리학의 특징을 저만의 무기로 활용하기 위해서 자투리 시간이나 등하교 시간에 분기별로 한 권씩, 4권의 심리학 관련 도서를 꾸준히 읽어왔습니다. 프로이트, 스키너, 게슈탈트 심리상담 등 상담과 관련한 책을 찾아 읽으면서 심리학에도 많은 관심을 두며 학업에 정진했습니다.

3학년 때는 교내 로드맵 발표대회에 참가하였습니다. 발표를 준비하기 위해 입스 증상과 관련한 사례를 찾아보고 PPT 자료를 제작해서 전교생을 대상으로 '상담심리학에 관심 있는 정형외과 의사로서의 준비 과정'을 발표하였습니다. 발표 후 담임선생님과 진로지도 선생님들에게 많은 칭찬을 받았고, 구체적인 진로계획이었다는 호평을 받았습니다. 또 대회 금상을 받기도 했습니다. 발표에 대한 피드백으로 '이 학생은 자신의 진로에 대해 그 계기와 동기가 분명하고, 전교생 앞에서 명료하고 친절하며 구체적으로 진로를 발표하였다.'라고 평가받았습니다.

저의 가장 큰 장점은 정형외과를 전문의로 희망하는 학생으로서 기본 전공의 수학능력을 유지하고, 상담심리학의 학문 특징을 나만의 무기로 활용하는 것입니다. 저의 진로를 구체화하는 과정에서의 자신은 학과 진학 계획이 누구보다 구체적인 동기부여가 된 점입니다. 이 동기는 학교생활에서 학점관리에도 실질적 도움이 되었으며, 주변 사람들에게 얘기하고 결심한 사실이 스스로 나태해질 때 부지런한 인물이 되고자 다짐하고 노력하는 계기가 되었습니다. 더구나 저는 항상 두려워하던 몇몇 과목에서도 적극적인 태도를 지니게 되었습니다.

이 자기소개서는 문항의 요구사항에 따라 서술 요소를 활성화하고, 그 과정과 동기를 구체적으로 서술한 것입니다. 다음으로는 미래 지향적 내용을 포괄적으로 작성해야 하는 4번의 B형 문항을 살펴보겠습니다.

2) B형 문항의 개요표와 작성 사례 : 통합 서술형

해당 모집단위에 지원하게 된 동기와 학생을 선발해야 하는 이유에 대해 서술하시오. (1,000자 이내)

A형 문항의 요구사항과 약간 다르다는 것을 알 수 있습니다. A형은 지금까지 노력한 과정을 구체적으로 작성하기를 원하지만, B형

은 학생을 선발해야 하는 당위성을 증명하고 요구합니다. 지원자(작성자)에게 선발의 타당성과 논리적 서술을 요구하는 것입니다. B형 문항의 요구사항을 분석하면 다음과 같습니다.

①모집단위에 지원하게 된 동기가 무엇인가?

②학생을 선발해야 하는 이유가 무엇인가?

두 가지 항목이 필수 요소입니다. 간단한 개요표가 필요합니다.

요구사항	작성 내용
지원동기 서술	
학생을 선발해야 하는 이유	

B형과 A형은 앞부분에서 동일한 답을 요구합니다. 곧 지원동기를 서술하라는 것입니다. A형과 B형의 동일 부분과 상이한 부분을 나누어서 작성할 수 있습니다. 지원동기가 같은데도 내용이 달라지는 것은 학생을 선발해야 하는 이유는 무엇인지를 요구하기 때문입니다. 가장 중요한 내용은 역시 나만이 가지고 있는 차별성입니다. 즉 다른 지원자와 비교하여 내가 내세울 만한 것과 변별성의 근원, 두드러진 장점을 찾아내야만 합니다.

가장 상책(上策)은 자신만의 차별성 있는 내용을 작성하는 것입니다. 생활기록부 내용이 빈약하거나 내세울 만한 장점을 쉽게 찾을 수 없을 때는 소소한 경험을 구체적으로 작성하세요. 그러한 내용도 찾을 수 없다면 대학 생활에 대한 계획을 첨부하면 됩니다.

모집단위에 지원하게 된 동기 : 야구선수를 꿈꾸는 동생은 야구부 투수가 되었습니다. 어느 날 몸에 맞는 공을 던져서 상대 타자가 다쳐, 입스(yips: 실패에 대한 두려움으로 발생하는 각종 불안 증세를 말함)에 시달리게 되었습니다. 그 모습을 보면서 물리 치료와 심리치료가 병행되어야 심리적 안정을 찾고 외과 치료가 가능하다는 것을 알게 되었음. 그 후 실력 있는 정형외과 의사를 꿈꾸며 심리학에 관심을 두고 상담과 의학에 관한 소양을 길러왔음.

부연설명 : 미래의 의사 소양 가운데 부상을 입으면 외과적 치료에 심리치료를 병행하는 융합 치료 능력이 필요하다는 것을 알게 되었음.

본과의 의학 지식이 무엇보다 중요함. 따라서 전공의로서 소양을 기르면서 그 순기능을 알게 됨.

나만의 장점은 기본 수학능력을 유지하고, 해당 학과의 전문의로서 상담심리학의 특징을 나만의 무기로 활용할 계획임.

학생을 선발해야 하는 이유 :

1. 융합학문이 주목받는 시기에 단독 학문의 완성도는 당연하다. 나는 단독 학문이 발전할 수 있는 동력을 가진 인재

부연설명 : 의학과의 가치와 상담심리학의 강점을 가진 인재가 선발되어야 한다.

2. 주제와 목표가 분명한 독서력을 바탕으로 심리학+의학에서 발전한 행동심리학에 관해 독서할 줄 아는 인재

부연설명 : 학문을 심화 연구하는 인재이므로 학교가 나를 선발해

야 한다.

3. 개인의 동기부여에서 시작한 그간의 노력은 낙오와 기복 없이 꾸준하게 관리해왔음. 관리 능력이 두드러지는 인재

부연설명 : 고등학교 과정이 모두 성공적이었다. 전교생 앞에서 나의 목표와 목표의 근거를 설명할 수 있는 프리젠테이션 능력을 지닌 인재이므로 선발되어야 타당하다.

4. 앞으로 대학에 진학한 후 활발히 대외활동을 하면서 의학의 가치를 사회에 환원하고 사회와 소통하려는 계획을 실천할 인재

부연설명 : 특히 물리 치료를 병행하는 환자에 대해 전문 의학 치료와 상담을 통한 치료를 계획하고 실천하고자 하는 인재이므로 선발되어야 한다.

A형 문항의 개요표와 다르다는 것을 볼 수 있습니다. 개요가 달라진 만큼 작성 내용도 달라진 것을 확인할 수 있습니다. 완성된 자기소개서는 다음과 같습니다.

제 동생은 투수를 꿈꾸며 야구를 하던 중, 상대 타자가 몸에 공이 사건으로 오래 방황을 하게 되었습니다. 그것이 제 진로를 구체화하는 계기가 되었습니다. 운동선수가 특정한 환경에서 실패를 두려워해 생기는 각종 불안 증세를 '입스(yips)'라고 합니다. 동생은 그 사건으로 불안 증세를 보여서 저는 물리 치료와 함께 심리치료가 병행되어야 한다는 것을 알게 되었습니다.

○○대학교에 이러한 학업 환경이 마련된 심리학과가 있으며

관련 연구가 활발하다는 것을 알게 되어 이번 모집에 지원하게 되었습니다. 심리치료와 물리 치료가 병행되면 환자는 안정감을 찾고 외과적 치료를 할 수 있게 됩니다.

제가 선발되어야 하는 첫 번째 이유는 제가 최근의 학문적 동향에 적절한 인재이기 때문입니다. 융합학문이 주목받는 시대입니다. 단독 학문의 완성도는 당연한 것이지만, 단독 학문이 발전하기 위해서는 융합학문에 적합한 인재를 선발해야 합니다. 저는 의학과의 가치와 상담심리학의 강점을 가진 인재입니다. 의학의 가치를 발전시킬 수 있는 동력을 제공할 만한 인재입니다. 둘째, 학문의 주제와 목표가 분명히 드러난 독서력을 바탕으로 의학에서 발전한 상담 관련 심리학책을 읽을 줄 아는 인재이기 때문입니다. 셋째, 동기부여로 시작한 학업을 낙오와 기복 없이 꾸준하게 관리해온 능력이 두드러지는 인재입니다. 고등학교 학업 과정과 결과가 성공적이었다고 자부할 만하고, 전교생 앞에서 저의 목표와 목표의 근거를 설명할 수 있는 발표 능력을 갖춘 인재이므로 선발되어야 마땅합니다. 마지막으로 저는 대학에 진학한 후 활발히 대외활동할 것을 계획하고 있으며 의학의 가치를 높여줄 인재라는 것입니다. 특히 물리 치료를 병행하는 환자를 대상으로 전문 의학 치료와 상담 치료를 계획하고 실천하려는 인재이므로 선발되어야 타당합니다.

이처럼 문항에 필요한 개요표를 토대로 작성 사례를 비교하면 소기의 목적을 달성할 수 있을 것입니다.

5

변형 문항의 개요표와 작성 사례
; 책 3권 선정하여 서술하기
– 인상적인 책의 선정으로 캐릭터를 보여주자

고등학교 재학 기간(또는 최근 3년간) 읽었던 책 중 자신에게 가장 큰 영향을 준 책을 3권 이내로 선정하고 그 이유를 기술하시오.

이 문항은 빈도가 높지 않아서 서술방식을 비중 있게 다루지 않지만, 이 문항을 다소 어려워하는 학생이 많습니다. 그래서 이 장에서 자세하게 다루고자 합니다.

1) 문항 해설

제한과 전제는 같다

공통문항이든 선택문항이든 모든 자기소개서는 '고등학교 과정'에 한정된다는 사실을 명심해야 합니다. 이는 자기소개서를 작성하는 시점이 고3 7월이라고 해도 중학교 3학년 7월 이후를 기점으로 3년 이내를 계산하는 것이 타당하지 않다는 것입니다. 고등학생 시절에 읽은 책을 선정하는 것이 맞습니다.

항목에 있는 대로 이행하자. 글자 수에 제한이 있으면 활용하자

예를 들어 항목이 세 개 설정되어 있고, 문항당 500자 이내라는 제한이 있다면 세 가지 독서력을 작성하는 것이 이롭습니다. 1,000자 이내라고 제한하는 경우 한 권당 300자 내외로 설정하여 세 가지를 작성하거나, 한 권당 500자 이내로 설정하여 두 개의 독서력을 작성합니다. 이는 구성의 영역이므로 작성자의 역량에 맞추어 작성하는 것이 좋습니다.

출제 취지와 의도를 파악하자

이 문항의 출제 의도는 무엇일까요? 바로 독서가 진로에 대한 심화 활동에서 얼마나 의미 있었는가를 묻는 것입니다. 국어교육학과에 지원하려는 학생은 국어교육에 관심이 있어야 합니다. 어학이나 국어학의 역사, 교육학에 관심이 있어야 학과의 일원이 될 소양을 길러온 것입니다. 심리학과에 지원하고자 하는 학생은 적어도 프로이트가 어떤 심리학자인지 알아야 합니다. 심리학에서 나온 개념이 사회에 얼마나 통용되고 있는지 관심이 있어야 선발 근거가 됩니다.

연관성 없는 어려운 책을 읽었다고 자랑하지 말자

국사학과에 지원하고자 하는 학생이 《톰 소여의 모험》을 원서로 읽었다고 하면 독서 영향력을 평가하기가 어렵습니다. 지원하고자 하는 학교(학과)의 성격을 이해하기 위해 어떤 독서를 했는지를 밝혀주는 서술이 필요합니다. 보편된 지식이나 가치를 추구하는 것보다 지원 학과의 학문 개념을 학습한 독서를 자랑하는 서술을 권장합니다.

자유도 높은 문항이지만 관련성은 지키자

문항이 '학과와 연관된 독서'라고 제한하지는 않습니다. 가장 영향을 준 책 선정과 서술을 요구합니다. 3권 이내로 선정된 도서가 모두 학과와 밀접한 관련이 있는 책이 될 수 있고, 2권이라면 1권이 학과에 연관된 책이고 1권이 학과가 추구하는 가치를 적절하게 포함한 책이어도 됩니다. 예를 들어 경영학과에 지원하는 학생이 스티브 잡스의 생애와 그의 사고방식을 배우고자 자서전 성격의 책을 읽었다고 해서 흠이 되지는 않습니다. 다만 배타적 성격의 책을 인상 깊게 읽은 책으로 선정하면 안 됩니다. 자유도가 다소 높아도 작성자의 전략은 필요합니다.

독서력을 자신의 지원 전력으로 활용하자

'나는 평소에 역사에 깊은 관심을 두고 있다. 한국 근대사에 대해 깊이 독서하고 나서 국사학과에 지원하게 되었다.'를 피력하기 위해서는 어떤 책을 읽었다고 하는 것이 좋을까요? 박경리의 『토지』가 독서의 깊이를 헤아릴 수 기준이 될 수 있습니다.

서울대에 지원한다고 해서 서울대의 권장도서로 도배하면 차별성이 떨어진다

권장도서를 이행하는 문화는 이미 유행이 지난 지 오래입니다. 상위 주제를 권장도서 기준으로 설정하지 말고, 자신을 차별성 있게 표현할 수 있는 독서력을 바탕으로 작성하되, 가능하면 생활기록부에 독서록이 기재된 작품에서 선별하는 것이 좋습니다. 생활기록부에 기재되어 있으면서 의미 있는 독서로 그 내용을 충분히 인지하고 있는 책을 쓰는 것이 상책이라 할 만합니다. 생활기록부에 기재되어 있으나 기억이 잘 나지 않아도 의미 있는 독서였다고 서술하는 것이 좋습니다. 500자로 쓰기는 어려워도 그렇게 하는 것이 문항의 취지에 맞는 답안입니다. 가장 안 좋은 사례는 생활기록부에도 기재되어 있지 않고, 학과나 학교뿐 아니라 자신과의 연계성이 떨어지며 기억도 나지 않는 어려운 책을 읽었다고 자랑하는 것입니다.

2) 작성 방식

한국사(역사)를 공부하기 위해 사학과에 지원하는 학생이 한국 근·현대사에 관심이 많아 근대사 책을 읽고 같은 저자의 현대사 관련 책까지 연계해서 읽었다고 가정해 보겠습니다.

선정도서 : 강만길의 한국 근대사(강만길 지음, 창비)	
선 정 이 유	사학과에 지원하는 역사학도로서 역사를 인과관계에 근거해서 통합적으로 볼 수 있는 관점을 배운 책이다. 갑오 농민혁명과 일제 강점기의 도래가 200여 년 전부터 이어온 조선의 사회 구조에서 비롯되었다는 사실을 배운 가장 인상 깊은 책이었다. 흔히 역사에서 일어나는 사건은 외력에 의한 급작스러운 사건이나 내부 체제의 변화 때문에 발생한다. 하지만 역사를 해석하는 관점에는 정답은 없으므로 이러한 인과관계를 기반으로 역사적 사건을 해석하는 관점을 키울 수 있었다. 교과서에서는 배울 수 없는 깊이 있는 내용이었다. 하나의 역사적 사건을 볼 때 사건의 근거를 역사에서 찾는 것이 가장 신뢰성이 높다는 것을 배운 내 인생의 책이라 할 만하다. 근대에 일어난 사건의 시발점을 양난(兩難) 이후로 설정했고, 역사적 사건을 각각의 점(點)으로 보지 않고 연속된 선(線)으로 해석하는 사관(史觀)을 배울 수 있는 책이었다.

책을 선정한 이유에 대한 문장 분석

①제시 문장 : 사학과에 지원하는 역사학도로서 역사를 인과관계에 근거해서 통합적으로 볼 수 있는 관점을 배운 책이다.

취지의 분석과 평가 :

- 평소 역사학과에 지원하고자 준비해온 학생임
- 인과관계를 중심으로 봐야 하는 관점을 배운 이 책이 바로 내 인생의 독서라고 할 만함

②갑오 농민혁명과 일제 강점기의 도래가 200여 년 전부터 이어온 조선의 사회 구조에서 비롯되었다는 사실을 배운 가장 인상 깊은 책이었다.

취지의 분석과 평가 :

- 이 책의 구조와 특징을 간단히 소개하면서 200년 앞선 시기부터 근대사를 해석하고 있음.
- 이 책은 인과관계에 의한 사관을 유지하고 있음

③역사에서 일어나는 사건이 외력에 의한 급작스러운 사건이거나 내부 체제의 변화 때문에 발생한다.

취지의 분석과 평가 :

- 역사를 해석하는 관점은 다양하다.(일반적 사관 제시)
- 이 책을 좋은 책으로 선정한 이유를 밝히기 위한 전제

④하지만 역사를 해석하는 관점에는 정답은 없으므로 이러한 인과관계를 기반으로 역사적 사건을 해석하는 관점을 키울 수 있었다. 교과서에서는 배울 수 없는 깊이 있는 내용이었다.

취지의 분석과 평가 :

- 이 책이 내 인생의 독서라고 할 만한 이유는 사학과를 희망하는 내게 교과서에서 읽을 수 없는 사관의 중요성을 알게 주었기 때문이다.
- 이 책은 인과관계를 충실하게 증명하는 책이다.

⑤하나의 역사적 사건을 볼 때 사건의 근거를 역사에서 찾는 것이 가장 신뢰성이 높다는 것을 배운 내 인생의 책이라 할 만하다.

취지의 분석과 평가 :

이 책이 증명하고자 하는 사관의 해석 방식은 내가 가장 따르고자 하는 방식이다.

⑥근대에 일어난 사건의 시발점을 양란(兩難)을 이후로 설정했고, 역사의 사건을 각각의 점(點)으로 보지 않고 연속된 선(線)으로 해석하는 사관(史觀)을 배울 수 있는 책이었다.

취지의 분석과 평가 :

- 이 책은 한마디로 이유 없는 역사적 사건은 없다고 말한다. 내가 알고 있는 개념인 점과 선을 적용해서 이 책의 역사적 관점을 한마디로 설명하고자 한다.

※이 문항을 작성할 때 유의할 점
①작성한 감상문을 요약하지 말 것

이 문항의 취지를 명심해야 합니다. 이 문항은 독서록을 묻는 것이 아니라 자기를 소개하는 것입니다. 자신을 피력할만한 내용을 바탕으로 작성해야 한다는 것을 잊지 않으면서 서술하면 됩니다. 즉 가장 인상 깊었던 책에서 자신을 드러낼 만하고, 또 학교가 자신을 선발해야 하는 당위성을 증명하는 항목임을 명심하고 작성하기 바랍니다.

②줄거리 요약에 너무 많은 지문을 할애하지 말 것(500자 이내의 요약문을 작성하지 말 것)

'이 책을 읽지 않은 사람이 자기소개서를 읽을 것이다.'라는 전제하에 책의 내용을 400자 내외로 작성합니다. 그런 다음 의미 있었던 이유를 작성합니다. 하지만 책 내용을 설명하는 데 분량의 대부분을 할애하는 것은 지면 낭비입니다. 줄거리를 요약하지 말고 의미 있었던 이유와 과정을 충실하게 작성하는 것이 좋습니다.

③분량을 적절하게 구성할 것

책 내용 요약이나 소개를 제외하고 나면 쓸 게 없을 수도 있습니다. 그럴 때는 최소한의 구성 능력을 보여줄 필요가 있습니다. 최소 100자에서 최대 150자 정도의 분량을 할애하는 것은 피해야 유리합니다. 글자 수 제한이 500자라면, 그 전체 분량에 해당하는 분량만 서술하는 것이 유리합니다. 내용 요약이나 줄거리는 최대 150자 정도로 작성하는 것이 좋습니다.

4장

오답 사례에도

배울 점이

있다

1

1번 문항의 오답 사례
; 질문에 대한 답에 집중하자

문항 1 : 고등학교 재학 기간 중 학업에 기울인 노력과 학습 경험에 대해 배우고 느낀 점을 중심으로 기술하기 바랍니다. (1000자 이내)

앞에서 살펴본 바와 같이, 고등학교 재학 기간(제한)에 따라 학업에 기울인 노력과 그 경험을 토대로 배우고 느낀 점을 기술하는 문항입니다. 이 문장에서 가장 중요한 점은 무엇일까요? 문항 구조를 나누어서 보겠습니다.

문항의 요구사항		
학업에 기울인 노력	학습 경험	배우고 느낀 점

세 가지 가운데 가장 중요한 것은 무엇일까요? 잘 모르겠다면 쓰기 편한 문학 갈래인 수필을 생각해봅시다. '초등학교 때 할머니 댁에 다녀온 경험을 바탕으로 일주일간 할머니 댁에서 생활하면서 배우고 느낀 점은 무엇인가요?'라고 질문을 받았다고 가정해봅시다.

오답 사례를 통해 쓰기를 배우자

할머니 댁 근처에 있는 관광지를 어디에 다녀왔다면 그 과정을 자세하게 쓰는 것이 좋을까요? 아니면 할머니 댁에 다녀오면서 할머니와의 사이가 친밀해지고, 또 부모님과 잠시 떨어진 경험을 통해 할머니의 사랑과 관심을 받았다는 내용을 쓰는 것이 좋을까요? 당연히 '할머니 댁에서 무엇을 했다'보다 '할머니 댁에서 무엇을 했는데, 참으로 우리 할머니는 나를 사랑하고 있는 것을 깨닫는 계기가 되었다'가 글감이 될 것입니다.

1번 문항은 다양한 학습 경험의 나열식 서술보다 학습 경험을 통해 배우고 느낀 점을 알려 달라는 것입니다. 중심은 '배우고 느낀 점'입니다. 1번 문항에 관한 오답 사례를 보면 분량의 대부분을 학습 경험(과목명, 일자, 기간, 학습 내용)에 할애하는 것입니다.

사례 1. 학습의 개념과 이론을 장황하게 설명하지 말자

…경상수지와 물가지수가 국가 경제 전체에 영향을 준다는 점을 알게 되었습니다. 이론상으로 환율이 하락하면 원화의 가치가 상승하여 물가가 안정되고 외채 부담이 감소하는 등 긍정적 효과도 있지만, 수출이 감소하고 해외 투자가 둔화하는 부정적 영향도 있다는 것을 배우게 되었습니다. 환율과 수학 관계에 대한 조사 과정에서 과거 유럽이 경제 성장으로 무역과 상업이 발달했지만 도시와 국가마다 통화시스템이 서로 달라서.

구성이 중요하다

위 사례는 1000자 중 300자를 할애해서 자신이 공부한 내용 중에 기억나는 개념을 설명하고 있습니다. "경상수지와 물가지수, 원화의 가치가 국가 경제에 막대한 영향을 줄 수 있다는 점을 배우고, 경제학과 경영학에서 수학의 활용도가 높다는 점을 깨달아 수학 공부에 진력했다."라는 점을 밝히려는 의도는 알겠으나 과도하게 자신이 아는 지식을 나열함으로써 분량 제한(1,000자)의 구성에 실패했습니다.

사례 2. 문항에서 요구하지 않은 다른 내용(포부와 결심)을 제시하지 말자

… 영어를 공부하다 보니 대학 생활이 목표(꿈)를 준비하는 과정이라고 생각하게 되었습니다. 이 경험을 토대로 협동심을 발휘하려고 합니다. 대학을 졸업할 때 꿈을 위해 노력했다는 만족감을 느끼기 위해 계획을 세우고 정진하는 학생이 되도록 하겠습니다.

문항의 질문에 답하자

최악의 사례라고 할 수 있습니다. 주제, 어법, 내용 모두 잘못되었습니다. 1번 문항에서 이런 서술이 나오면 평가에 반영되지 않습니다. 영어 공부를 하다가 대학 생활의 목표(꿈)를 제시하는 것이 이상하고 내용 호응도 이뤄지고 있지 않습니다. 1번 문항의 요구사항은 학업 과정과 경험을 통해서 배우고 느낀 점을 작성하라는 것입니다. 물론 진학 계획을 밝히는 것은 좋지만 그것은 문항에서 요구하지 않은 것입니다. 1번 문항에 이러한 내용을 쓰면 평가에서 제외됩니다.

사례 3. 경험을 바탕으로 학업 과정을 작성하자

…사회는 일반적 관점에서 볼 때, 이와 같은 평균치의 선호도가 사회문화의 획일화, 그리고 공장노동자의 평균 업무 능률성, 사무직원의 매뉴얼 등의 개념으로 사회에 적용되고 있다고 생각합니다. (중략) 하위문화/ 개별성 /빅 데이터를 중시하는 관점인데, 롱테일법칙에서 설명하는 다수의 80%가 20%의 핵심보다 높은 가치를 창출한다는 개념입니다. 결국 4차 산업혁명은 이와 같이 평균을 중시하는 획일화, 자동화, 능률화, 단순화의 관점에서 벗어나서 소수의 문화가 중시되는.

논지(論旨)란 무엇인가?

'이러한 논지를 자기소개서에 왜 쓰지?'라고 생각할 수 있습니다. 그러나 이러한 자기소개서는 생각보다 많습니다. 위 사례는 600자 분량의 글 가운데 일부를 인용한 것입니다. 획일화와 능률성에 대한 문제점을 바탕으로 다원화 시대에 타당한 패러다임이 필요하다는 취지는 알겠으나, 자기소개서는 논문이 아니지요. 따라서 1번 문항의 오류는 대부분 문항을 이해하지 못해서 비롯되는 경우가 많습니다.

사례 4. 알아서 읽어주세요?

저는 어릴 때부터 모르는 것을 꼭 알아야 하는 성격이 있었습니다. 제가 공부하며 생긴 호기심은 또 다른 호기심을 낳았고, 결국 호기심의 근원을 파악하는 학습 습관이 생겼습니다. 생활과 윤리 시간에 사상가 롤즈를 배우며 사회적 약자에게 평등한 기회가 주어지고 사회적 이익이 고르게 배분되어야 한다고 생각했습니다. 이에 호기심을 갖고 어떻게 하면 사회적 약자가 가장 정의로운 상황에서 정당하게 계약을 맺을 수 있을지 생각하게 되었습니다. 먼저 기회가 평등하고 과정이 공정하다면 정의로운 결과가 나올 수 있다고 생각했지만, 곧바로 너무나 추상적이라고 느꼈습니다. 이렇게 이론적으로 접근하려던 저는 단순히 규범적 윤리가 아닌 실생활에 접근할 수 있는 응용 윤리학에 관심을 갖게 되었고, 마침《우리들의 응용 윤리학》이라는 책을 찾아보게 되었습니다. 독서 후 자연스레 사회계약설의 기저가 되는 '무지의 베일'이라는 조건을 떠올리게 되었고, 옛 성어인 '역지사지'를 떠올리며 우리 사회의 사회적 약자에 대하여 숙고해 보았습니다.

취지를 정확하게 쓰자

위 사례는 분명히 자기소개서인데 작성 취지가 전혀 보이지 않습니다. 다만 학업 과정에서 책을 읽었다는 점은 문항의 요구사항을 충족하지만, 중언부언과 통일성이 없는 문장이 연속됩니다. 서술어만 별도로 읽어보면 내용이 얼마나 부실한지 보일 것입니다. 생각만 하다가 분량이 채워진 것이지요. 자기소개서는 자기 생각을 소개하는 글이 아닙니다. '느꼈다, 생각했다, 숙고했다'라는 1번 문항의 요구사항이 아닙니다.

그러면 완성도 높은 자기소개서를 작성하기 위해서는 어떤 자세가 필요할까요? 어떤 방법이 효과적일까요?

①자신의 글을 보여주기가 부끄럽고 어색하더라도 부모님께 이야기하기

②다른 사람이 조언해 주는 것이 다소 듣기 힘들더라도 재고해 보기

이런 자세가 필요합니다. 자기소개서는 혼자 쓰는 글이 아닙니다. 주위를 둘러보면 해답을 아는 친구가 많습니다. 조언을 구해서 작성하는 것을 권합니다.

문항이 요구하는 질문에 충실하자. 그것이 기본이다

오답 사례를 소개하는 이유는 단 한 가지입니다. 바로 문항의 요구에 충실해야 한다는 것입니다. 문제는 '무엇을'입니다. 지원자가 작성하는 영역은 '어떻게'입니다. '무엇을'과 '어떻게'는 반드시 호응해야 합니다. 문항에서 물어본 것을 답해야 한다는 것입니다.

어떻게 써야 이러한 오류에 빠지지 않을까요? 문제를 여러 번 확인하고 문제에서 요구하는 바를 정확히 인지한 후 작성하는 것입니다. 문항을 여러 번 '보는 것'이 아니라 문항을 여러 번 확인해야 합니다. 개요를 작성할 때도, 작성 중일 때도 항상 염두에 두고 주제에서 벗어나지 않도록 하면서 써야 합니다.

2

2번 오답 사례
; 위반사항에 주의하자

문항 2 : 고등학교 재학 기간 중 본인이 의미를 두고 노력했던 교내 활동(3개 이내)을 통해 배우고 느낀 점을 중심으로 기술하기 바랍니다. 단, 교외 활동 중 학교장의 허락을 받고 참여한 활동은 포함됩니다. (띄어쓰기 포함 1,500자 이내)

2번 문항을 작성할 때 숙지해야 하는 내용은 다음과 같습니다.

①고등학교의 재학 기간이라는 기준에서 벗어나지 말 것

②의미를 두고 노력했던 교내 활동(2개가 적절)

③배우고 느낀 점

그러면 어떤 오답 사례가 있는지 살펴보겠습니다.

사례 1. '교내활동'이라는 제한 위반

··· 의미 있었던 일은 영재교육반에서 수학경시대회에 참가한 일입니다. 저는 평소에 수학에 관심이 많고 수학 공부하는 것을 좋아하여 수학경시대회가 제게 도전정신을 알려주었습니다. 저

에겐 수학 재능이 있다고 생각했는데 막상 대회에 나가서 상을 받지 못해서 자신감과 흥미가 떨어졌습니다.

위 사례는 수학경시대회를 통해 배운 점을 밝히고 있습니다. 강조하고 싶은 점은 '영재반을 통해 수학을 배웠다. 경시 대회도 참가했다.'입니다. 하지만 이는 문항이 제시한 전제의 오류입니다. 물론 학교장의 허락을 받아서 참가한 대회는 허용하지만, 학교장의 허락을 받았다고 밝히지 않았으므로 위반이 맞습니다.

수학경시대회에 참가해서 상을 받지 못한 사례도 적절한 내용은 아닙니다. 실패 경험이 도전정신을 알게 했을 수 있지만, 그렇게 되면 전체 내용이 실패 경험을 극복한 사례여야 합니다. 실패 경험을 자세하게 쓴 후 그것을 설명하는 것은 좋지 않습니다.

사례 2. 자신만 알고 있는 내용을 나열

… 제가 게시한 영문 게시물을 보고 우생학에 대한 요나스(Hans Jonas)와 하버마스의 입장, 뉘른베르크 강령의 내용, 톰슨의 바이올리니스트 비유 등에 대해 지나가는 학우들이 관심을 갖게 되었고, 저는 강령 내용이나 사회 보상과 관련한 질문을 받게 되었습니다. 또 학자들에 대해 궁금한 점도 질문받았습니다.

'나는 이런 개념까지 이해했고, 학우들의 질문에 답변할 만큼 다양한 학습 경험을 했다.'라는 취지로 작성한 글입니다. 작성 취지와 의도는 충분히 전달되지만, 개인적으로 이해한 개념을 '이 정도쯤을 알고 있겠지.'와 같은 의도로 작성하는 것은 권할 만한 것이 못 됩니다. 오히려 보편적 사실을 바탕으로 글을 쓰면 의미가 훨씬 명료해집니다.

수정 문장

제가 게시판에 영문(원문)으로 게시한 내용을 본 학우들이 관심을 갖게 되었고, 그것은 내용이나 개념에 대해 질문받는 계기가 되었습니다.

이처럼 명료한 문장이 될 수 있다면 제출 전에 반드시 고쳐서 제출해야 합니다. 자기소개서를 작성한 후 가독성이 좋은지 판별해보고 고칠 수 있는 내용은 수정하는 것이 바람직합니다.

사례 3. 자기 생각이 아니라 의미 있었던 활동을 작성하자

누진세, 개별 소비세, 상속세, 증여세 등의 조세제도와 사회보험, 공공부조 등의 보조금 형식의 정부 지출을 통해 소득재분배 효과가 발생한다는 것을 발표하였습니다. 조사 중 '소득재분배 정책 효과, 근로장려세제 〉 기초연금 〉 아동수당 순'이라는 기사문을 읽고, 시행 중인 세 가지 소득재분배 정책의 효과 순위를 파악할 수 있었습니다. 소득재분배 정책은 소득 불평등을 완화할 수 있는 유용한 제도이지만, 과도한 소득재분배 정책은 국민의 근로 의욕을 줄여 역효과가 날 수 있을 것 같다는 생각을 하게 되었습니다.

대단한 경험을 찾지 말고 소소한 경험을 토대로 작성하자

실제 경험, 활동 내용이라고 하면 커다란 계기나 중요한 경험을 써야 할 것 같은 압박감을 느낍니다. 그런 생각에서 벗어나야 합니다. 많은 경험 중에 문항의 요구에 적절한 경험을 선별하여 작성하기가 내게만 어려운 것은 아닙니다. 고등학생의 경험이 그리 특별하지 않기 때문입니다. 고등학생 시절에는 공간과 시간 제약이 많기 때문입니다. 그러므로 활동 내용을 바탕으로 작성하라는 것은 대단한 경험을 쓰라는 것이 아닙니다.

위 사례를 보면 '파악할 수 있었다, 생각을 할 수 있었다'라는 서술어가 나오는데, 이것을 활동 위주로 작성하면 전혀 다른 내용이 될 것입니다. 위의 사례를 활동 내용으로 작성하면 다음과 같습니다.

각종 조세제도와 사회보험, 그리고 보조금 형식의 정부 지출을 통해 소득재분배 효과가 발생한다는 것을 배웠고, 사회의 재분배에 대해서 발표를 준비하면서 정책의 효과와 우선순위를 통해 정책 실효성을 높여야 국민이 체감할 수 있다는 점을 발표하였습니다. 자본주의 사회이므로 과도한 소득재분배 정책이 오히려 국민의 근로 의욕을 줄여 역효과를 낼 수 있다는 점을 발표한 후, 학우들과 그 점을 주제로 토론하는 시간을 가질 수 있었습니다.

위 내용은 활동 위주로 작성한 결과입니다. '발표 준비 → 발표 진행 → 토론' '이해하고 배웠다. 그리고 이런 생각을 하게 되었다.'를

'이러한 활동을 준비해서 발표했고 토론까지 할 수 있었다.'로 바꾸니 활동을 서술하는 글이 되었습니다. 문항의 요구사항은 나에게 의미 있었던 활동을 작성하라는 것입니다. 발표하면서 심화한 부분을 덧붙인다면 더 좋은 자기소개서가 될 것입니다.

3

3번 문항의 오답 사례
; 쓰기 쉬워 보여도 쉽게 보지는 말자

문항 3. 학교생활 중 배려, 나눔, 협력, 갈등 관리 등을 실천한 사례를 들고, 그 과정을 통해 배우고 느낀 점을 기술하기 바랍니다. (띄어쓰기 포함 1,000자 이내)

3번 문항을 작성할 때 숙지해야 하는 점은 논리적으로 작성해야 한다는 것입니다. 앞에서 살펴본 바와 같이 3번 문항은 수필 형식으로 답해야 하기 때문입니다. 문항의 취지와 목적은 인성 영역입니다. 한마디로 '나는 어떤 인성을 가진 인재인가? 내세울 만한 인성은 무엇인가?'를 고민하여 작성하라는 것입니다.

문항의 요구사항은 다음과 같습니다.
①고등학교 재학 기간이라는 기준에서 벗어나지 말 것(1, 2, 3번 문항 동일)
②배려와 나눔, 협력과 갈등 관리 등을 실천한 사례 서술
③그 경험을 통해서 배우고 느낀 점을 작성

전제 ①의 오류를 범하지 않으면서 ②와 ③의 문항에 충실히 답해야 합니다.

사례 1. 제한된 글자 수에서 벗어남

…중간고사가 끝난 후 체육대회가 다가왔습니다. 우리 학교는 모든 종목이 끝난 후 '피날레'라는 이름의 반별 무대가 갖습니다. 무대를 어떻게 꾸며야 할지 정하고 반 단체 의상도 정해야 했습니다. 이 과정에서 충돌이 발생했습니다. 축구 유니폼을 입자는 친구들과 캐릭터 옷을 입자는 두 부류로 의견이 나뉘었는데, 담임선생님도 입으실 수 있는 옷을 고르자는 의견이 나오자 모두 축구 유니폼으로 하자고 결정했습니다. 문제는 피날레 댄스였는데 저는 나서는 것을 좋아하는 친구들만의 무대가 아니라 반 구성원 26명 모두의 무대가 되어야 한다고 생각했습니다. 소심한 친구들도 제 의견에 동의해주었고, 저는 유행하는 대중가요가 아닌 동요를 요즘 댄스와 융합하여 부반장과 함께 안무를 짰습니다. 반응이 매우 좋아 반이 단합하는 계기가 되어 체육대회에서 1등을 할 수 있었습니다. 이 경험을 통해 저는 리더로서 책임감을 가질 수 있었고, 어려움이 있을 때 혼자 해결하려 하지 않고 서로 협력하는 것이 중요함을 배우게 되었습니다. 앞으로 사회의 바람직한 리더가 되겠다고 다짐하는 계기가 되었습니다.

중심내용을 바탕으로 작성하자

위 사례에서 논지는 무엇일까요? '갈등이 발생했지만 상의하여 일을 해결하였더니 단결이 이뤄져 체육대회에서 1등을 할 수 있었다.(갈등 관리 요소 활성화) 단합을 끌어낸 리더의 책임을 배우고 협력의 중요성을 배운 계기가 되었다.(배우고 느낀 점 활성화)'입니다. 내용이 논지가 너무 길 뿐더러, 중심 문장이 숨어 있습니다. 두괄식으로 구성하지 않았기에 가독성이 떨어집니다. 제한된 분량에서 벗어나지 않으면서 적절한 구성을 해야 한다는 것을 알 수 있습니다.

사례 2. 강조하고 싶은 내용 불분명

…저는 1학년 때 특별구역인 상담실을 맡아 청소하게 되었습니다. 특별실은 교실이나 복도보다 청소할 거리가 많아 힘든 곳입니다. 잡일이 너무 많아서 처음에는 하기 싫었습니다. 설거지부터 시작해서 매트 털기, 책상 닦기, 설문 조사 통계 내기 등 많은 일을 했습니다. 한번은 저와 같은 구역에서 청소하는 친구가 아파서 저 혼자 하게 되었습니다. 1학년 1학기여서 그 친구와는 어색한 사이였습니다. 청소하면서 말을 몇 번밖에 안 한 사이였는데 저는 그 친구에게 오늘은 집에 가서 쉬라고 말하고 혼자 청소를 했습니다.

위 내용을 작성한 취지는 무엇일까요? '힘들게 특별구역을 청소했고, 같이 청소하는 친구가 몸이 좋지 않아서 혼자 힘든 일을 도맡아 했다.'라는 것입니다. 이럴 경우 짧게 쓰면 훨씬 더 명료한 문장이 될 수 있습니다. 그것을 논지(論志)라고 합니다. 위 내용을 논지를 밝혀서 고쳐 쓰면 다음과 같습니다.

저는 청소하기 힘든 구역을 배정받은 일이 있었습니다. 같이 청소하는 친구가 몸이 아파서 한동안 그 청소를 도맡아 할 수밖에 없었습니다.

이처럼 간단히 정리하면 어떤 효과가 있을까요? 청소를 도맡아 한 행위에서(배려 요소 활성화) 배우고 느낀 점을 작성할 수 있고,(배우고 느낀 점 활성화) 노력이라는 활동으로 배려의 소중함뿐 아니라 협력의 개념도 함께 서술할 수 있는 것입니다.(협력 활동의 요소 활성화) 글자 수를 배분하면 문장을 경제적으로 구성할 수 있습니다.

사례 3. 명료화할 수 없는 가치

느낌, 생각, 완료 등 소소한 내용보다 단어로 표현할 수 있는 소재를 찾아봅니다. 예를 들어 '개념노트에 정리한 내용을 발표에 활용하기 위해 지식 나눔을 수행했다거나 봉사활동에서 누구를 도와주었다.'라는 내용이 적절합니다. 아래 사례를 보겠습니다.

이 역할을 잘 수행하기 위해 친구들의 의견을 들으려고 노력했습니다. 회의에 참여하지 않고 조용히 있던 친구에게 가서 생각을 묻고, 결정이 마음에 들지 않는 친구는 설득하여 반 아이들의 의견을 모았습니다. 한번은 학교폭력을 주제로 반 전체가 플래시몹을 한 적이 있습니다. 플래시몹은 모두가 발맞춰 춤을 추고 주제를 알리는 게 목적인데, 반 아이들 34명이 하기에 꽤 힘들었습니다. 하지만 여러 번 학급 회의를 하여 대형을 정하고 안무를 외워 학교폭력 플래시몹을 성공적으로 끝냈습니다.

추상적 개념 구체화하기

위 사례에서 서술어만 모아보면 다음과 같습니다. '의견을 들으려고 노력했습니다, 생각을 묻고, 의견을 모았습니다, ~한 적이 있습니다, 꽤 힘들었습니다, 성공적으로 끝냈습니다' 이 표현을 보면 어떤 생각이 드나요? 너무 추상적이라는 생각입니다. '무엇을 통해서 배려나 나눔을 수행했다'가 아니라는 것입니다. 3번 문항은 분명히 '학교생활 중 배려, 나눔, 협력, 갈등 관리 등을 실천한 사례를 들고, 그 과정을 통해 배우고 느낀 점'을 기술하라고 요구합니다. 위 사례는 3번 문항의 요구사항과 동떨어져 보입니다. 좀 더 구체화해야 합니다.

4

4번 문항의 오답 사례
; 오답은 다양하다

4번 A형 문항. 해당 모집단위에 지원하게 된 동기와 지원하기 위해 노력한 과정을 구체적으로 기술하시오. (1,500자)

4번 B형 문항. 해당 모집단위에 지원하게 된 동기와 학생을 선발해야 하는 이유에 대해 서술하시오. (1,000자)

4번 문항을 작성하기 위해서는 첫째, 문항의 요구사항을 충실히 따라야 한다는 대원칙을 지키는 것이 중요합니다. 둘째, 문항의 요구사항이 간단하므로 욕심을 부리면 안 됩니다. 셋째, A형이라면 노력 과정에 치중해야 하고, B형이라면 거대한 계획을 과도하게 작성하지 않아야 합니다. 왜 구체적이고 당위성 높은 계획을 작성하면 안 될까요? 그 이유는 간단합니다. 입증할 수 있는 근거가 없을뿐더러, 평가자가 계획만 믿어서 가산점을 줄 수 없기 때문입니다. 계획은 누구나 서술할 수 있습니다. 오히려 과정과 경험을 작성하는 것은 어렵습니다.

사례 1. 계획만 남발

해당 모집단위에 지원하게 된 동기와 지원하기 위해 노력한 과정을 구체적으로 기술하시오. (1,500자)

　… 대학과정을 통해 IOT 개발자가 되어 4차 산업혁명을 주도하는 사람이 되고 싶습니다. 중학교 3학년 때부터 반도체에 관심을 두게 되었고, 그 후 고등학교 2학년 때 소프트웨어 동아리 활동을 하며 직접 프로젝트를 진행하고 코딩을 하면서 S/W에 관심을 가지는 동시에 임베디드 시스템 개발 작업을 진행하게 되었습니다. 3학년에 이르러서는 통신기술과 임베디드 시스템 두 가지를 융합한 사물인터넷을 알게 되었습니다.

　저는 IOT 개발자가 되기 위해서 물체 간 통신구조와 S/W, 임베디드 시스템을 심화하여 공부하고, 이에 맞는 기초지식과 활용능력을 갖추는 것이 우선이라고 생각했습니다. 그래서 통신기술과 임베디드를 중요시하는 ○○과에 지원하게 되었습니다. (지원동기 활성화)

　○○에 입학하게 되면 1~2학년 때는 필수과목인 임베디드 소프트웨어, 공학 수학, 정보통신개론을 공부하면서 기초지식을 쌓는 동시에 IOT 지식검정능력 자격시험을 준비할 것입니다. 3~4학년 때는 본격적으로 공부했던 H/W를 기반으로 S/W 전공과목인 OS, 객체 지향 프로그래밍. 데이터베이스 설계 공부에 시간을 투자하여 관련 자격증을 습득할 계획입니다.

뜻을 같이하는 학우들과 임베디드 S/W 경진대회에 출전하여 협동력을 발휘하고 실전 경험을 해 볼 생각입니다. 또 실무와 공학 공부에 필요한 어학 실력을 보충하기 위해 어학 능력 시험을 준비할 것입니다. 학업을 마친 후 ○○에 입사하여 제 꿈을 이루고 싶습니다.

계획만 남발한 탓에 답변을 제대로 못 한
안타까운 자기소개서

위의 사례는 정확하게 문항에 따르지 않은 '수학 계획서'입니다. '입학 후 나는 ~한 사람이 되겠다. 계획은 이렇다.'입니다. 문항의 요구사항에 응답한 부분은 지원동기를 밝힌 것뿐입니다. 자신을 선발해야 하는 이유를 밝히라는 요구에는 답하지 못합니다. '계획이 이렇게 자세하고 체계적이니 저를 선발해 주십시오.'라는 설득은 수긍하기 어렵습니다.

사례 2. 가장 개인적인 인식이나 생각

자기소개서를 작성하는 목적은 입학처나 지원 학과의 관계자가 학생을 선발하는 이유를 찾을 수 있도록 하는 것입니다. 아래 사례는 A형 문항에 대한 답으로, 지원동기와 노력 과정을 작성한 것입니다. 구성에 실패하여 자기 생각만 작성한 자기소개서입니다.

… 제가 자동차에 관심을 갖게 된 것은 어린 시절 아버지가 가져다주시던 자동차 책자를 보면서부터입니다. 어렸을 때는 자

동차의 외관, 디자인에 관심이 있었지만, 성장하면서 자동차의 기관부터 장치에 이르기까지 다양한 분야에 관심을 두게 되었습니다. 그러다가 후미등이 고장 난 차량을 유심히 보게 되었습니다. 2008년부터 2014년까지 관찰한 결과, 조수석 쪽 후미등이 가장 많이 꺼져있고, 그중 ○○사의 ○○모델이 38대로 가장 많이 꺼져 있는 것을 알게 되었습니다.

또 자동차 배기구에서 나오는 매연을 보면서 '어떻게 하면 매연이 나오지 않는 자동차를 만들 수 있을까?' 고민하게 되었습니다. 그러다 우연히 ○○이라는 전기차를 통해 친환경 에너지를 사용한 자동차를 알게 되었습니다.

그 후 저는 자동차 관련 서적을 읽으면서 하이브리드 카의 실용성과 가격 등 실질적 문제를 인식할 수 있었습니다. 좀 더 효율적이고 가격이 저렴한 하이브리드 카 개발의 필요성을 느끼면서 기계공학도로서의 꿈을 갖게 된 것입니다.

지원동기를 1,000자에 육박하면서 서술하고 있습니다. 내용을 정리하면, '자동차에 관심을 갖게 된 나는 관찰력이 뛰어나다, 실용적인 자동차 개발에 관심이 많아서 기계공학에 관심을 갖게 되었다.' 입니다. 이를 한 문단으로 압축하면 어떻게 될까요? 노력 과정을 아주 구체적이고 자세하게 작성할 수 있을 것입니다. 위 사례는 구성에 실패한 자기소개서라고 할 수 있습니다. 문항의 요구사항을 충실하게 이행하려고는 했지만 구성력이 떨어진 안타까운 사례입니다.

사례 3. 첫 문장부터 부정문?

입학 때부터 경제에 관심이 많았던 것은 아닙니다. 공동체 질서, 사회 질서 유지 등 정의실현에 관심이 있었습니다. 그렇기 때문에.

위 오답 사례는 빈번하게 일어납니다. 첫 문장을 부정문으로 시작했기 때문입니다. 첫 문장은 첫인상과도 같습니다. 그러므로 첫 문장에 부정문이 등장하면 나머지 내용은 좋지 않은 상황을 극복하는 과정이나 긍정적 의미를 만들어내는 과정이라고 할 수 있습니다. 가능한 진취적이고 적극적인 표현이 담긴 첫 문장을 쓰기 바랍니다. 위의 부정문을 긍정문으로 바꾸어보면 왜 그렇게 하라고 하는지 쉽게 알 수 있습니다.

공동체의 질서와 사회 질서 유지, 정의실현에 관심을 갖게 되면서 경제에 대해 호기심이 생겼습니다. 그 후 수학을 학습하는 동기가 되었습니다.

훨씬 명료한 문장으로 되었습니다. 부정문으로 시작할 때의 첫인상과 긍정문으로 시작할 때의 첫인상은 전혀 다릅니다.

사례 4. 틀린 사실을 맞는 것처럼 작성하기

사실 여부를 작성할 때는 조심해야 합니다. 틀린 사실은 삭제하는 것이 낫습니다. 아래의 사례는 오류가 너무 많은 사례입니다.

①법사회학자가 되기 위해 다른 학문을 전공하고 법학전문대학원에 진학하는 것보다, 대학교 4년 동안 법에 대한 전문 지식을 갖춘 법학사 과정을 이수하고 대학원에 진학하는 것이 훨씬 전문적인 방법이라고 생각합니다.

②그래서 학사와 석사학위 과정을 모두 법학과에서 이수하고, 사회윤리학적 면에서 전문적으로 법을 연구해 정의로운 사회에 일조할 수 있는 사람이 되고 싶습니다. 학과 진학 후에는 기본 3법을 익히는 데 주력하겠습니다. 그 후엔 전문법률을 공부할 것입니다. 학부 과정을 마치고 나서는 법학전문대학원에 진학한 후 석사과정을 밟고 변호사 자격증을 취득할 것입니다.

③로스쿨 졸업 후에는 숭실대학교 법학연구소 소속의 법학교수가 되어 이론뿐 아니라 실제 정책에 관한 연구 활동을 진행할 것이며, 연구원의 특성을 살려 세계 각국의 법과 우리나라의 법을 비교하며 상호보완성을 연구하고 싶습니다. 나아가 국내를 넘어 외국의 법 연구원과 교류하여 법의 효용성을 증대시키고 우리 사회의 이익에 기여하고 싶습니다.

주관적 생각을 나열하면 신뢰도가 떨어진다

일단 위 사례의 오류를 분석해 보겠습니다.

첫째, 계획만 남용한 자기소개서입니다. 자기소개서의 문항에는 생각을 묻는 질문이 없습니다.

둘째, 문단 ①은 사실이 확률이 높습니다. 학과(업계)의 동향과 거리가 먼 주관적 생각이기 때문입니다. 법학전문대학원이 선호하는 인재가 관점에 따라서 달라질 수 있다는 것은 개인의 생각입니다. 그것을 자기소개서에서 주장하는 것은 옳지 않습니다.

셋째, 문단 ②에서는 논리적 오류를 범하고 있습니다. 정의로운 사회에 기여하고자 하는 인재임은 알겠지만, 논리적 근거 없이 기본 3법이 전문법률이 아님을 전제하고 있어 논리적 오류를 범한 것입니다.

넷째, 상호보완적인 법 연구가 지금까지 부진하다는 전제가 오류일 수 있습니다. 이처럼 앞뒤가 맞지 않고 논리적 근거가 부족한 주관적 생각을 일반화하면 평가자는 '잘못된 지식을 썼는걸?'이라고 생각할 수 있습니다.

논리적 오류의 책임을 친절하게 서술해서 해결하자

작성자가 내용에 책임을 지고 증명하고 구술할 수 있어야 하는 점을 간과해서는 안 됩니다. 내용이 사실에 근거하는지를 평가자가 하나하나 대조할 수는 없습니다. 게다가 사실 여부에 논리적으로 증명하는 것이 문항의 요구사항도 아닙니다. 자신의 경험이나 생활기록부의 활동 내용을 근거로 작성하는 것이 사실을 근간으로 한 글이 됩니다. 곧 신뢰성 높은 글(논지)이 됩니다.

고등학생이 대학에 진학하면서 학계의 한계를 극복하려는 목표를 세우는 것은 존중받을 만합니다. 하지만 사실과 다른 내용을 쓸 때 평가에 치명적이므로 개인 경험과 객관적 근거를 토대로 작성하는 것이 타당합니다.

5장

합격
자기소개서에는
이유가 있다

1

1번 문항의 합격 사례
; 가독성을 높이는 배려심

문항 1 : (공통) 고등학교 재학 기간 중 학업에 기울인 노력과 학습 경험을 통해, 배우고 느낀 점을 중심으로 기술하기 바랍니다. (띄어쓰기 포함 1,000자 이내)

사례 1. 가독성을 높이는 배려심

··· 저는 지금껏 각 과목의 개념을 이해하면서 서로 밀접하게 연관된 개념을 토대로 연관 노트(융합 노트)를 만들어 적절하게 활용한 것이 학업에 많은 도움이 되었습니다. 과학 개념에는 수학이 존재하고, 지구과학에서는 물리 개념이 서로 통하는 등 대부분의 분야에서 여러 개념이 융합되어 있었습니다.

그래서 '학업에서 연관성과 공통점이 많은 경우에는 개념의 원리가 하나로 통합되는가?'라는 가설을 토대로 의문을 가지게 되었는데, 노벨상을 받은 생명공학자 자크 모노의《우연과 필연》을 읽고 저의 가설이 사실임을 알게 되었습니다. 이 책은 분명 과학을 다룬 책인데도 철학의 접근방법과 같았습니다. 또《호열

자 조선을 습격하다》는 역사책인데도 사회문화의 이해 접근방법과 같다는 점을 알게 되면서 학업은 그 개념의 연관성이 융합의 핵심이라는 것을 알게 되었습니다. 그래서 과목의 경계를 나누는 것보다 상반되거나 동일한 점을 발견하면서 공부하는 과정이 흥미로웠습니다.

위 사례는 일단 가독성이 좋습니다. 문어체로 작성했지만 논리적 설명이 이어지고 있지요. 각 과목에는 융합의 개념을 엿볼 수 있고, 특히 학업에서 융합이라는 개념을 토대로 가설을 세워보았더니, 생명공학자의 책을 읽으면서 학문의 융합 사례를 확인하고 가설을 증명할 수 있었습니다. 이 가설을 토대로 각 과목의 내용을 충실하게 이행하다 보니 이해와 흥미를 높일 수 있었다는 긍정적 내용이 충실하게 반영된 사례라고 할 수 있습니다.

주된 내용이 이해와 생각에 맞추어서 작성한 점에서 한계가 있긴 합니다. 그러나 이 추상적 내용이 어디에서 명료화하는지 찾아보았나요? 융합, 과학, 수학, 물리 등에 대한 추상개념을 '연관 노트(융합 노트)'라는 실제로 변형하였고, 그것을 활용하여 융합의 개념을 추론해 내었습니다. 생활기록부에 교과의 담당교사가 "이러한 노트를 활용해서 학업에 충실했다."라고 작성했다면 그 근거가 사실임을 입증하는 것이므로 금상첨화입니다.

사례 2. 분명한 사실을 구체적으로 작성

 …발표 수업을 준비하면서 수학의 개념과 원리, 공식을 대입하는 다양한 이유와 근거를 설명하기 위해 그래프의 실제 대칭 이동 모형을 소개하고 그래프를 그려주는 Tool(GeoGebra)을 활용해 시각 자료를 제시하게 되었습니다. 다양한 경우의 수를 누락 없이 구하는 것은 단순한 공식을 문제에 적용하는 것으로 충분하지 않았습니다. Ⓐ그래서 저와 비슷한 고민을 하는 친구들과 조를 구성하고 매일 문제를 연습하면서 풀이에 도움이 되는 정보를 공유하게 되었습니다. 그 과정에서 조원들과 함께 중복조합과 같은 것이 포함된 순열의 원리까지 이해하게 되면서 특정한 경우의 수를 더 정확하게 구해낼 수 있게 되었습니다. 지식의 공유를 통해서 저는 포괄적으로 개념을 이해하고 활용하는.

 위의 사례를 보면, 발표 수업을 준비하면서 시각 자료를 만든 사실과 지식 공유의 두 가지 개념을 한 번에 서술하면서 자칫 통일성이 부족한 글로 진행되기 쉬웠습니다. 하지만 작성자는 Ⓐ표시된 부분에서 문제가 요구하는 필수 요소가 무엇인지를 서술하는 취지로 다시 돌아와서 교과 학습을 통해 배우고 느낀 점으로 회귀하였습니다.

2

2번 문항의 합격 사례
; 소소한 소재의 설득력

문항 2. 고등학교 재학 기간 중 본인이 의미를 두고 노력했던 교내 활동(3개 이내)을 통해 배우고 느낀 점을 중심으로 기술하기 바랍니다. (단, 교외 활동 중 학교장의 허락을 받고 참여한 활동은 포함, 띄어쓰기 포함 1,500자 이내)

사례 1. 소소한 경험을 구체적으로 작성

…나에게 필요 없는 도서 자원을 필요한 불특정 다수의 사람과 공유하거나 나누어 쓰자는 취지로 'Books on the 비치' 활동을 시작했습니다. 그러나 아무도 진열된 책에 관심을 가지지 않아서 왜 관심을 가지지 않을까 생각해보고, 학우들이 사물함에 어떤 방식으로 책을 진열하는지 유심히 살펴보았습니다.

학우들이 사물함에 책을 정리하는 유형은 첫째, 자신이 자주 꺼내 보는 것을 보관하는 것, 둘째, 유형별(문제집, 이론서) 보관하는 것, 셋째, 과목별 정리 등 크게 세 가지였습니다. 저는 그것에 착안해서 책을 인기도, 유형별, 종류별로 정리해보았습니다. 책을 정리하면서 기대치가 높을 만한 책이나 재미있는 그림이 있는 책은 전면을 노출해서 정리하였습니다. 정리하기 전에 전혀 관심을 두지 않던 학우들이 책에 대해 문의하거나 읽어보는 경우가 3배 이상 많아졌고, 수행평가 등이 있으면 읽기 자료로 활용하기 위해 빌려보는 학우들이 20%나 증가했습니다.

결국, 책꽂이 정리 활동을 하면서 시각적으로 보이는 것과 효율성이 효과적인 전달의 중요한 요소임을 알게 되었고, 간단한 분류 방식의 변화로도 관심과 애정을 끌어낼 수 있다는 점을 알게 되었습니다.

위의 내용은 일단 소소한 경험을 바탕으로 끌어낸 보편적 사실의 신뢰도가 매우 높습니다. 눈에 띄는 점은 '이용 학생이 늘었다, 읽는 학생이 많아졌다.'라고 추상적으로 서술하지 않고, '3배 이상, 20% 이상 증가'라는 표현을 써서 충분히 설득하려고 했습니다.

활동의 취지와 제목을 작성할 때 효율적으로 표현하는 방식을 보면, 문장을 다루는 기본 실력이 있는 학생임이 명백하게 드러납니다.

"불특정 다수의 사람과 공유하거나 나누어 쓰자는 취지로 'Books on the 비치' 활동을 시작했습니다. 그러나 아무도 진열된 책에 관심을 가지지 않았습니다."라는 표현에서는 불필요한 서술방식을 과감하게 생략하고 활동의 취지와 목적, 활동명(이 내용이 생활기록부에 명시되어 있을 듯)을 기재하면서 경제적인 문장을 서술했습니다.

또 적재적소에 적절한 표지인 '첫째, 둘째' 등을 써서 논리적 장치를 배치하고, 시각적 진열과 논리적 배열이 이용 학생을 증가시켰다는 전제도 포함되어 있으니 경제적인 문장을 잘 활용한 사례입니다.

사례 2. 경험과 배우고 느낀 점을 적절하게 구성

…실험으로 환경을 바꾸어보니 가설의 오차를 줄일 수 있었습니다. 실험은 예상대로 '차의 추출물은 모두 대조군보다 더 나은 지방분해 억제의 효과를 보일 것'이라는 가설을 입증할 수 있었습니다. 실험을 통해 실험 조건의 오류는 반드시 결과의 오류로 나타난다는 점, 오차를 줄이기 위해서 실험자의 자기 평가가 필요하다는 점, 참여자가 의견을 교환해야 한다는 점, 마지막으로 실험 참여자에게 진정성 있는 태도와 적극적이고 진지한 태도가 필요하다는 점을 배울 수 있었습니다.

위의 사례는 실험 과정의 몇 가지 오류가 수정되어 가설 입증이 가능해지고 난 후 배우고 느낀 점을 신뢰도 높게 서술해서 매우 긍정적입니다. 교내활동에서 소재를 찾은 점과 실험을 통해서 배운 점은 특별한 가치가 아니라 보편적 가치입니다. 이처럼 일반화한 내용으로 상대를 설득하기 위한 실험자의 자세가 필요합니다.

이 두 사례는 소재를 설정할 때 거대하고 대단한 발견이 아니어도 된다는 점을 알려줍니다. 자기소개서의 소재로 쓰기에 지장 없는 것, 특별한 깨달음이 아니어도 소소하고 보편적인 내용으로 배우고 느낀 점을 쓸 수 있다는 것입니다. 따라서 자기소개서의 내용을 구상할 때 특별한 내용을 찾거나 고민하기보다 일반적 경험을 보편적 일반화를 이룰 수 있는지 고민하는 것이 좋습니다. 문항의 요구사항에 따른 효율적 소재를 찾아야 한다는 점을 숙지해야겠습니다.

3

3번 문항의 합격 사례
; 서술의 논리적 구성

문항 3. 학교생활 중 배려, 나눔, 협력, 갈등 관리 등을 실천한 사례를 들고, 그 과정을 통해 배우고 느낀 점을 기술하기 바랍니다. (띄어쓰기 포함 1,000자 이내)

사례 1. 논리적 비약을 의도적으로 적절하게 활용

…말이 착해지면 행동도 착해진다는 가설에 따라 국어 선생님은 저에게 '말 착하게 하기' 캠페인을 담당하는 언어순화 부장 임무를 주셨습니다. 반에서 욕설이 없어지자 반의 분위기가 자연스럽게 좋아지고 다툼이 줄어들게 되었습니다. 저는 현상을 보면서 매우 의미 있은 경험을 하게 되었습니다. 언어순화는 마음을 움직이고 상대를 배려하며 존중해준다는 것이었습니다. 이 과정을 통해 저는 어떤 사람이 되기 위해서는 행동에 변화가 있어야 할뿐더러, 말이 바뀌면 행동이 바뀌고 행동이 바뀌면 습관이 바뀌어 사람도 바뀔 수 있다는 사실을 알게 되었고.

거창한 활동과 경험이 아니어도
설득력 있는 내용을 작성할 수 있다

위 내용을 보면 작성자가 어떤 환경과 배경에서 활동을 했는지 알 수 있습니다. 언어순화 캠페인을 할 만큼 반에서 갈등 상황이 벌어지는 상황이 벌어졌습니다. 험한 말과 욕설이 잦은 학급 문화를 바꾸어보기 위해서 말 착하기 대회를 시행합니다. 갈등 관리와 협력, 배려 등의 필수 요소에 대한 글을 작성하기 위해 캠페인의 취지와 배경이 있으며, 캠페인 결과 반의 문화 변화 양상을 관찰한 사례가 나옵니다.

위 내용에서 잘 작성된 부분은 첫째, 문장의 경제성이 뛰어나다는 것입니다. 완성도 높은 자기소개서의 서술방식에는 공통분모가 반드시 존재합니다. 최근 완성도 높은 영화나 드라마의 콘텐츠를 보면 중요 사건이 바로 시작하거나 논리적 비약을 적절하게 사용해서 지지부진한 내용을 건너뜁니다. 문장이나 자기소개서의 내용도 논리적 비약을 잘 활용하면 가독성이 높아지고 읽기가 쉬워집니다.

캠페인을 통해 배우고 느낀 점이 중요한 것이지, 그 캠페인이 어떤 취지에서 시작되었는지 중요하지 않습니다. 배경을 뛰어넘는 비약을 잘 활용하면 설명을 늘어놓지 않아도 되니 작성자 또한 편할 것입니다.

사례 2. 하나의 사건을 통합적으로 구성

…이전의 성급했던 판단을 후회하게 되었습니다. 당시 선생님은 청소구역을 모르고 있었기 때문에 2학기에 들어서야 1학

년이 투입된 것이었습니다. 저는 서로 소통하지 않은 채 화를 낸 것을 후회하며 1학년에게 진심으로 사과를 했습니다. 그 후 효율적으로 역할 분담을 했고, 잠시나마 1학년에게 화를 냈던 미안함 때문에 2학년이 적극적으로 청소에 참여했습니다.

'비가 온 뒤에 땅이 굳는다.'라는 말처럼 아침마다 서로 협력하며 청소에 참여했습니다. 소통의 물꼬가 트이게 되어 학교생활의 어려움을 함께 나누고, 부족한 기자재와 실습도구 등을 나누기도 했습니다. 학교생활에 필요한 다양한 정보를 서로 이야기를 나눌 수 있는 사이가 되었습니다. 우리는 소통과 협력의 중요성을 깨닫게 된 만큼, 의구심이 있거나 어려운 일이 생길 때 우선 소통하여 서로의 입장을 확인해야 한다는 점을 알게 되었습니다. 그 후 다시는 갈등이나 오해가 일어나지 않았습니다. 갈등 관계라는 것은 어느 조직이나 단체에 존재하기 마련이고, 그 갈등을 해결하기 위한 열쇠는 무엇보다 기탄없이 의견을 나누는 소통임을 알게 되었습니다.

이 사례는 청소업무를 분담하는 과정에서의 소통 부족과 선생님의 실수로 갈등의 골이 깊어지다가 결국 서로 소통하여 갈등이 해소된 사례입니다. 이 자기소개서가 갈등 해소의 대단한 과정을 작성한 것이 아닙니다. 거창한 해결방식을 제시해서 갈등의 관리 능력을 내세운 것도 아닙니다. 하지만 이 자기소개서는 높은 점수를 받을 수밖에 없습니다.

그 이유는 고등학생의 역량을 평가하기보다는 '소통 네트워크'라는 키워드를 적절하게 활용했기 때문입니다. 그리고 그 사례의 적절성과 신뢰성, 생활기록부에 청소 관련 기록이 기재되어 있다는 점에서 일관성이 돋보입니다. 특히 인성 영역에서 조직문화의 가장 중요한 키워드를 하나의 사건으로 통합하여 구성했다는 점이 뛰어납니다.

소통과 배려(대화를 통한 해결), 나눔(1학년을 배려), 갈등을 통해서 배운 점(갈등 관리의 키워드는 소통) 등 필수항목이 적절하게 배분되어 하나의 사례로 모든 요구(배려, 나눔, 협력, 갈등 관리)를 활성화하는 구성이 취했기에 좋은 점수를 받을 수 있습니다.

4

4번 문항의 합격 사례
; 동기와 당위성의 설득력과 변별성

문항 4의 A형 : 해당 모집단위에 지원하게 된 동기와 지원하기 위해 노력한 과정을 구체적으로 기술하시오. (1,500자)

문항 4의 B형 : 해당 모집단위에 지원하게 된 동기와 학생을 선발해야 하는 이유에 대해 서술하시오. (1,000자)

사례 1. 명료한 결론

… 제가 많은 관심을 많이 둔 생명과학 분야의 수업은 인류의 생명과 공익에 바탕이 되는 내용을 배우기 때문에 의미 있는 과목이었습니다. 미래 진로에도 영향을 미칠 것을 알고 있으므로 수업을 들으면서 항상 동기부여가 되었습니다. 그래서 수업에 적극적으로 참여했고 시험에서도 좋은 성적을 거둘 수 있었습니다. 이와 같은 경험을 토대로 저는 대학에 진학하여 유전적 질병과 바이러스, 그리고 넓은 의미에서 인류와 공존하는 동물, 식물, 환경의 영역을 융합해서 국내에 머물지 않고 세계적 연구까지 아우를 수 있는 전문인으로 발전하고자 합니다.

명료하고 정확한 결론이 주는 설득력

문항에서는 선발의 당위성을 증명하므로 자기소개서의 작성 목적은 그것을 명료하게 밝히는 것입니다. 자기소개서의 완결은 4번 문항의 마지막 부분만이 아닙니다. 하나의 주제로 나누어진(1~4번) 한 편의 글이지요. 대학에서 각각의 문항을 평가하기 쉽게 1번부터 4번까지 나누어 놓은 것이지만, 1~4번을 통합할 경우 한 인물의 캐릭터를 구축하여 표현하는 과정이 됩니다.

B형 문항(선발해야 하는 이유)은 과정만 작성하라는 제한을 두지 않습니다. 그렇다면 4번만의 답을 작성하기보다는 궁극적으로 자신이 나아가고자 하는 진로계획을 작성하는 편이 낫습니다. 위 내용이 왜 좋은 결론으로 적합할까요? 담론과 전제가 많이 포함된 결론이기 때문입니다. 위의 사례를 분석해 보면 매우 복합적인 전제를 읽어낼 수 있습니다.

합격 사례 내용 분석

①관심을 많이 둔 생명과학 분야의 수업은 ~ 의미 있는 과목이었고: 저는 오래전부터 이 학과에 관심이 있던 학생이고, 이 학과에 깊은 애정을 가진 학생입니다.

②항상 동기부여가 되었습니다. 수업에 적극적으로 참여~ 좋은 성적을 거둘 수 있었습니다 : 제 성적이 상위권인 이유는 깊은 동기부여와 학과에 대한 애정 때문입니다. 저는 항상 수업을 집중해서 들은 기본에 충실한 학생입니다.

③대학에 진학하여 ~의 영역을 융합해서 국내에 머물지 않고 세

계적 연구까지 ~ 전문인으로 발전 : 저는 대학에서의 연구에만 머물지 않겠습니다. 세계적 연구에 동참하는 전문인이자 세계적 인재가 되고자 합니다. 그것이 저를 선발해야 하는 이유입니다.

실현 가능한 포부와 명료한 계획, 미래지향적이지만 계획만 번지르르하게 서술하지 않은 점, 자신의 생활기록부 내용을 토대로 '지원자로서 미래의 모습을 명확하게 그렸으니 선발해 주시기 바랍니다'라는 확고한 메시지가 매우 전략적인 결론임을 드러냅니다.

사례 2. 구체적 과정을 서술하여 얻는 설득력

…경제학과에 지원하기 위해서 동아리 '○○'을 만들어 회장으로 활동했습니다. '소득 주도 성장' 등의 경제 관련 주제로 자주 토론하고 발표 활동을 진행했습니다. 덕분에 저를 포함한 모든 동아리 구성원이 '경제'라는 학문에 더욱 가까워질 수 있었습니다. (…) '최저임금을 1만 원으로 인상해야 하는가?'를 주제로 토론하고 최저임금 인상과 노숙인에게 여유 자금을 지원하는 것을 같은 맥락임을 이해했습니다. 실험 전 임금을 탕진할 것이라는 우려가 있었지만, 교육이나 자기계발에 투자하는 것을 보고 자신의 발전에 대한 소양을 가지고 있다는 점을 읽을 수 있었습니다. 따라서 저는 이러한 관점에서 사회를 이해하고 사회적 약자를 배려하는 경제 영향을 연구하고 싶다는 생각과, 미래 사회에서는 전문화한 융합학문에 대한 접근이 경제학을 한걸음

발전시킬 계기가 될 것이라고 확신하게 되었습니다.

학과에 대한 애정과 과정을 충실하게 전달하면서 소외계층에 관심을 두고 꾸준히 노력해 온 경험을 근거로 서술한 사례입니다. 위 내용의 서술방식은 앞서 확인한 서술방식과 유사합니다. 동아리를 만들고 활동한 배경을 과감하게 뛰어넘어(비약) 곧바로 활동 내용과 경제에 관심을 둔 사례 제시한 것입니다. 그중에서 소외계층을 다룬 점이 돋보입니다.

주제의 중요성

위 내용은 오답 사례와 두드러지게 비교됩니다.

첫째, 합격 사례는 '주제 내에서 끊임없이 서술'하고자 합니다. 합격 사례는 서술방식이 다르거나 접근방식이 다를 경우, 관점이 다를 경우 다양해질 수 있습니다. 하지만 그 공통분모는 문항의 요구사항에 충실한 서술이라는 것입니다.

둘째, 경제성의 원리에 근거해서 적절한 논리 비약을 활용할 줄 알아야 합니다. 즉 평가항목이나 문제에서 요구하지 않은 항목을 작성하여 최대한 강조하고 싶은 내용을 효과적으로 드러낼 줄 알아야 합니다. 오답 사례는 글자 수를 낭비하여 중언부언하고 구체적 내용보다 추상적 내용으로 흐릅니다.

셋째, 합격 사례에는 행동(활동 내용) 중심의 서술이 많다는 점입니다. 오답 사례는 '생각, 인식, 배움, 의견'을 서술하면서도 정작 써야 할 '무엇을 했다'는 밝히지 않습니다. 반면에 합격사례에는 행동

(활동 내용) 중심의 서술이 충실하게 작성되어 있습니다.

넷째, 문항의 요구사항과 전제를 철저하게 지키고 있다는 점입니다. 중학교 생활에 관한 서술 자체가 없습니다. 요구하지 않은 서술은 제외합니다. 증명할 수 없고 근거를 찾을 수 없는 내용은 비약하고, 생활기록부의 내용이나 자신의 교과 성적 등 확인 가능한 내용을 충실하게 작성합니다.

다섯째, 가독성이 높습니다. 서술방식이 개요를 상세하게 작성한 후 소리 내어 읽어보면서 읽기 좋게 고친 것입니다. 제출 전에 한 번 읽어보는 과정을 거쳤다고 충분히 짐작할 수 있습니다. 읽기 어려운 문어체의 서술을 읽다가 발견한 딱딱한 표현을 평가자들이 읽기 좋도록 바꾸는 작업을 이행했을 확률이 높습니다. 구어체와 문어체가 잘 섞여 있어도 단어나 어휘의 명료성이 높다는 것은 한 번에 작성하지 않고 정성을 들였다는 방증입니다. 그 점을 평가자는 높이 살 것입니다.

6장

120여 명의
작성자들이 쏘아
올린 공통 질문

1

부족한 분량은 어떻게 채우죠?
; 쓰고 싶긴 한데 정작 쓸게 없어요

Q1. 기준 글자 수는 1,500자인데 작성하고 나서 보니 800자밖에 안 됩니다. 700자를 어떻게 채우나요? 내용을 글자 수에 맞춰 작성하기가 너무 힘들어요.

A. 문장의 확장 원리를 활용합니다.

문장을 확장한다는 것은 어떤 의미일까요? 글자 수를 추가한다는 것입니다. 이 방법에서 가장 주의해야 할 점은 기존의 내용을 유지한 채 말만 길게 쓰는 것입니다. 이 방법은 전혀 도움이 되지 않습니다. 그러면 어떻게 해야 할까요? 바로 내용을 추가하는 것입니다. 다음과 같은 문장이 있다고 가정해보겠습니다.

저는 1학년 때 토론대회 예선 탈락 경험을 바탕으로 재도전을 다짐하며 준비의 중요성을 알게 되었습니다.

내용이 부족하여 토론에 적극적으로 임할 수 없었다는 한계를 느긴 사례를 확장해 볼까요?

①토론대회는 준비의 중요성을 일깨운 계기가 되었습니다. (두괄식 구성 활용 문장)

②1학년 때 토론대회에서 예선 탈락한 경험이 있습니다. 그 원인이 준비 과정 부족이라 생각해 2학년 때는 준비 기간을 두고 역할을 분담해서 충실히 준비하게 되었습니다. (과거와 현재의 대응)

③준비 과정이 충실하니까 내용이 다채롭게 형성되었고, 여러 가지 토론의 경우의 수를 바탕으로 내용을 충실하게 추가할 수 있었습니다. (극복 경험)

④준비 과정이 충실하여 참여자 모두 자신감을 얻을 수 있었고, 토론대회에서 충분한 내용을 바탕으로 발언하다 보니 과거에는 그토록 길던 시간이 오히려 짧게 느껴질 정도로 발표에 임할 수 있었습니다. (준비 과정으로 얻은 좋은 결과)

⑤토론대회에서 2위를 할 수 있었습니다. 준비의 충실함이 자신감으로 이어진다는 사실을 배웠습니다. (배우고 느낀 점 제시)

글자 수를 살펴보면, 확장 전 57자에서 약 400자로 늘어난 것을 볼 수 있습니다. 내용을 구체화하는 것과 글만 길게 늘이는 것은 다릅니다. 글이 긴 것과 내용이 많은 것은 다릅니다. 이를 구분할 수 있어야 합니다.

2

합격과 탈락 자기소개서는
무엇이 다른가요?

Q2. 합격 자기소개서와 탈락 자기소개서는 어떤 차이가 있나요?

A. 중언부언의 자기소개서는 탈락, 논리적인 자기소개서는 합격!

일단 통일성이 떨어지는 자기소개서가 많이 탈락합니다. 많은 내용을 작성하고 싶은 욕심과 제한된 글자 수의 괴리감 때문에 그런 것입니다. 고등학교 생활은 생각보다 단조롭습니다. 다양한 경험을 하기에는 여건이 다소 부족함으로 단조롭고 통일성 높은 학교생활의 패턴으로 보면 고등학생의 자기소개서 내용은 크게 다르지 않고 대동소이(大同小異)합니다. 따라서 동일학과의 자기소개서 내용은 다들 비슷한 소재로 작성한다고 할 수 있습니다.

많은 내용을 넣고 싶으면 주제가 다양해집니다. 활동 내용에 집중하지 못해 나열식으로 작성하게 되고, 어려운 개념어를 늘어놓게 됩니다. 삭제 원리에 따라 배제하고 강조하고 싶은 내용에 집중하여 작성하는 것이 타당합니다. 욕심을 버리고 작성하면 자기소개서의 취지와 목적에 부합하는 글이 될 것입니다.

3
내용은 어떻게
선정하나요?

Q3. 막상 작성하려고 보니 어떤 내용을 써야 할지 고민됩니다.

A. 고등학교 생활이 가장 잘 정리된 생활기록부를 꼼꼼하게 보세요.

내용이 잘 나와 있는 교재가 있습니다. 바로 고등학교 생활이 항목별로 잘 정리된 생활기록부입니다. 생활기록부의 구조를 먼저 생각해 볼 필요가 있습니다. 생활기록부에는 먼저 개인 정보가 기재되어 있습니다. 그다음으로 담임선생님 작성한 부분, 교과 담당 선생님이 작성한 부분, 동아리 활동과 독서 활동의 내용이 기재되어 있습니다. 그런데 생활기록부 내용을 자기소개서에 그대로 옮겨놓아서는 안 됩니다. 생활기록부 기록 내용이 어떤 과정을 거쳐 기록되었는지 떠올리면서 그 기록보다 더 구체적으로 작성해야 한다는 말입니다.

생활기록부의 내용을 토대로 작성하면 일단 신뢰성을 높여주는 효과가 있습니다. 증명할 수 있는 근거가 없는 내용을 작성하는 것보다 훨씬 더 논리적이기 때문입니다. '무엇을 작성하는가?'는 창조가 아니라 선택의 영역에 가깝습니다. 그러니 생활기록부의 내용을 잘 읽어보고, 어떤 내용이 나의 장점이고 단점이며, 나의 활동이 어떤 문항에 어울리는지 고민해야 합니다. 생활기록부는 자기소개서를 작성할 때의 고민을 풀어주는 좋은 교재이자 충실한 증거가 될 것입니다.

사실 쓰기 영역은 표현 영역입니다. 읽기 듣기 영역과 다르지요. 자신이 잘 알지 못하는 내용을 쓰기란 어렵습니다. 언어 영역 중에 가장 어려운 쓰기 영역을 구현한 것이 자기소개서입니다. 그러므로 스스로 잘 알고 있는 내용을 작성해야 쉽게 쓸 수 있습니다. 고등학교 3년간의 활동이 네 개의 문항에 답변하기 어려울 정도로 부족하지는 않을 것입니다. 발표도 했을 것이고, 자의 반 타의 반으로 멘토와 멘티 활동도 해 보았을 것입니다. 봉사활동, 조별 활동의 경험도 있을 것입니다. 그중에서 구체적으로 답할 수 있는 내용을 잘 정리해서 작성하는 것을 내용 설계의 목표로 설정하는 것이 좋습니다.

4

기억이 나지 않을 때는 어떻게 하나요?
; 자소서가 자소설이 되는 가장 큰 이유

Q4. 기억에도 없고, 생활기록부에도 없는 내용을 작성해도 될까요?

A. 스스로 작성해온 다이어리(학습플래너)를 활용하세요.

다채롭고 유려한 문장을 갖춘 자기소개서가 되기 위해서는 자신이 작성해 온 다이어리(학습플래너)를 활용하는 것이 좋습니다. 자기소개서는 소설이 아니므로, 자신이 직접 겪은 일을 작성하는 것이 원칙이지요. 바꾸어 말하면 없는 내용을 기억해 내려고 하면 안됩니다.

일기장과 다이어리에는 생활기록부에 없는 것이 기록되어 있습니다. 가령 교과 담당 선생님의 조언이 있을 수 있지요. 그 기록을 구체적으로 쓴다면 좋은 내용이 될 수 있습니다. 작성하는 과정에서 기억이 날 것이고, 잘 알고 있는 내용이니 작성이 어렵지 않을 것입니다.

자신이 잘 알고 있는 내용이 아니라 경험한 적 없는 내용을 구상하려고 하니까 사실이 아닌 내용을 작성하게 되어 쓰기가 어려운 것입니다. 따라서 자기소개서를 작성할 때에는 잘 정리된 기억을 구체화하는 것이 가장 좋은 최선책입니다. 차선책은 기억이 잘 나지는 않지만, 생활기록부에는 기재된 것을 활용하는 것입니다. 기억에도 없고, 생활기록부에도 없는 내용은 절대 쓰지 마세요.

5
작성할 때
주의할 점은 무엇인가요?

Q5. 작성할 때 주의할 점이나 지켜야 할 원칙이 있나요?

A. 내용을 설계할 때 가장 중요한 점은 문항의 요구사항에 충실해야 한다는 것입니다.

완성된 자기소개서를 읽어보면 문항에서 묻지 않은 것을 구구절절 서술했다는 걸 발견하게 됩니다. 그래서 가독성과 글의 통일성이 떨어져 보입니다. 우선 문항의 요구사항을 메모해두세요. 그 메모에 따라 작성하면 좀 더 쉽게 작성할 수 있습니다.

그다음에는 부정문을 모두 긍정문으로 고치세요. 부정문은 자기소개서에서 가장 필요 없는 문장입니다. 자신을 깎아내려 평가자에게 부정적 인재로 느끼게 할 빌미가 됩니다. 부정문을 긍정문으로 바꾸면 내용이 훨씬 명료해집니다. 예를 들어 "1학년 때부터 수학 성적이 좋았던 것은 아니다."로 시작한다고 합시다. 문항에서는 수학 성적이 좋았는지 안 좋았는지를 묻지 않습니다. 또 수학 성적이 왜 좋지 않았는지 근거도 제시하라고 하지도 않습니다. 그 근거를 쓰게 된다면 글자 수 제한에 어긋나게 됩니다. 부정문을 긍정문으로 바꾸면 그 뒤에 이어지는 내용을 작성하기가 편해집니다. "수학 성적이 2학년 때부터 크게 상승한 것은 개념과 수학 원리 이해를 우선시하는 교과에 투자했기 때문입니다."

마지막으로 '생각한다. ~인 것 같다'와 같은 서술어는 모두 삭제하세요. 자기소개서는 명료하고 논리적인 글이어야 합니다. 문항에서 생각을 묻지 않았으므로 명료한 서술어를 구사해야 합니다. 모든 내용에서 '생각'과 같은 관념적 단어와 추상적 단어는 과감하게 버려야 합니다. 활동 위주로 작성하면 가독성이 높아질뿐더러 명료한 내용을 구성할 수 있습니다.

6

빅 데이터를 활용하는
방법은 무엇인가요?

Q6. 자기소개서의 내용을 선정하기가 너무 힘듭니다. 내용을 어떻게 선정해야 할까요?

A. 생활기록부의 빅 데이터를 활용해보세요.

몇 가지 소스(source)를 활용하는 전략이 필요합니다. 간단하게 표로 살펴보면 다음과 같습니다.

자기소개서 문항
⒜ 고등학교 재학 기간 중 학업에 기울인 노력과 학습 경험을 통해, 배우고 느낀 점을 중심으로 기술해 주시기 바랍니다.
⒝ 고등학교 재학 기간 중 본인이 의미를 두고 노력했던 교내 활동(3개 이내)을 통해 배우고 느낀 점을 중심으로 기술해 주시기 바랍니다. 단, 교외 활동 중 학교장의 허락을 받고 참여한 활동은 포함됩니다.
⒞ 학교생활 중 배려, 나눔, 협력, 갈등 관리 등을 실천한 사례를 들고, 그 과정을 통해 배우고 느낀 점을 기술해 주시기 바랍니다.

생활기록부에 자주 등장하는 단어 (빅 데이터)	
ⓒ 소통 ⓑ 진로에 대한 자기계발 ⓐ 학업에 노력 ⓐ 학습 태도의 충실함 ⓐ 수업 참여의 성실함 ⓒ 협동 ⓑ 진로에 대한 동기 ⓐ 학습플래너 ⓑ 4차 산업 ⓑ 정보화시대 관심과 노력 ⓒ 공동체 ⓒ 존중과 예의	ⓐ 학업에 노력 ⓐ 학습 태도의 충실함 ⓐ 수업 참여의 성실함 ⓐ 학습플래너 ⓑ 진로에 대한 동기 ⓑ 4차 산업혁명 ⓑ 정보화시대 관심과 노력 ⓒ 소통 ⓒ 협동 ⓒ 공동체 ⓒ 존중과 예의

제시한 표는 문항 1~3번을 Ⓐ, Ⓑ, ⓒ 항목으로 설정하고, 각각의 문항에 대응하는 내용을 생활기록부의 단어(빅 데이터)와 접목한 것입니다. 이 표를 참고하면 내용을 어떻게 작성할지, 어떤 단어를 주로 사용할지에 대해 유추할 수 있습니다.

생활기록부는 담당 선생님들이 학생의 학습 과정과 학교생활을 상세하게 기록한 것입니다. 그 내용에서 가장 많이 사용된 단어가 무엇인지, 지원 학과에서 원하는 인재는 누구이며 스스로 자신을 표현하고 싶은 단어는 무엇인지 분석하면, 각 문항에서 어떤 단어를 사용해야 하는지 알게 될 것입니다.

7
자기소개서 쓰기는
왜 어려운가요?

Q7. 평소 글쓰기를 많이 하는 편이고 논술도 경험해봐서 글쓰기에 자신이 있는데, 자기소개서는 잘 못 쓰겠습니다. 왜 그럴까요?

A. 자기소개서가 쉽게 쓸 수 있는 글이 아닌 건 맞지만, 그렇다고 매우 어렵게 쓰는 글은 아닙니다.

일반 글쓰기에는 제한이 정해져 있고, 쓰기를 위한 글감도 풍부한 편입니다. 예를 들어볼까요? 대입 논술을 준비한다고 하면, 제시문에 다양한 관점을 제시하여 그 제시문을 요약 및 분석한 후 작성하도록 합니다. 논술은 문제에서 요구하는 내용만 요구합니다. 논리의 근거와 출처, 작성 방향을 문제의 제시문이 담고 있으므로 1차 자료를 충실하게 이행하면 작성 내용의 범위가 좁아서 쓰기가 수월해집니다.

시, 수필, 소설 등 문학 글쓰기도 마찬가지입니다. 수필은 자신이 겪은 일을 바탕으로 작성하는 것이므로 경험이 글감이 되어 쓰기 쉽습니다. 소설은 작가가 상상력과 경험을 혼합해서 작성하는 것이므로 그리 어렵지 않지요. 하지만 자기소개서는 다릅니다. 기억에 의존해서 작성해야 하는 면이 있고, 참고할만한 소스(생활기록부) 기록이 자세하게 않아서 그 공백을 기억에 의존해서 작성하려니 어려운 것입니다.

자기소개서를 작성할 때 가장 든든한 지원군은 자신의 다이어리(학습플래너)입니다. 그것만큼 신뢰도 높고 다양한 내용을 제공하는 소스가 없습니다. 그러므로 다이어리(학습플래너)를 활용해서 구체적 과정과 활동 상황을 작성하는 것이 가장 좋습니다.

다이어리를 쓰지 않았다면 생활기록부를 토대로 자신의 경험을 회상해서 구체적으로 작성하면 됩니다. 경험의 진위가 의심된다면 조별 발표나 팀워크 수업, 토론 수업 등을 함께한 학우의 도움을 받아 보세요. 자신의 기억보다 자세한 기억이 있을 수도 있고 수업 자료를 보관하고 있을 수도 있습니다. 그 과제를 보면서 과제(미션)의 과정을 상세하게 떠올릴 수도 있습니다.

7장

자기소개서의 완성,

고쳐쓰기와

수정하기

1
소형 공사형
; 문단과 문장 단위 고치기

아래 제시된 글을 읽고 작성 요령에 따라 첨삭하여 자기소개서를 완성해 만들어보겠습니다. 타인의 자기소개서를 평가한다고 생각해서 잘 읽어보고, 수정과정을 면밀하게 살펴보기 바랍니다. 사례는 1번 문항에 대해 작성한 자기소개서입니다.

고등학교 재학 기간 중 학업에 기울인 노력과 학습 경험을 통해, 배우고 느낀 점을 중심으로 기술하기 바랍니다. (띄어쓰기 포함 1,000자 이내)

저는 다양한 현장 활동을 통해 배움을 넓혀나가는 것이 중요하다고 생각했습니다. 따라서 ○○에서 주관한 '○○ 프로젝트'에 참가하여 사회적 기업 활동을 계획하고, 봉제 인형을 만들어 보육원에 기부하는 활동을 하였습니다. 또 영어신문 동아리에서 '최저임금' 관련 기사를 스크랩하며 경제와 사회문제에 관심을 키워나갔습니다.

하루는 윤리와 사상 수업 때 공자의 '대동 사회'에 대해 배우게 되었습니다. 저는 대동 사회를 보며 현재 우리 사회의 모습에 궁금증이 생겨서 '대동 사회와 현대사회 모습'이라는 주제로 탐구 활동을 시작하였습니다. 이를 통해 우리 사회의 불평등한 재화 분배와 빈부격차의 문제를 알 수 있었고, 사회적 제도가 개선되어 소득의 재분배 활성화가 이루어져야 하며 소득층에 관심을 두고 봉사해야 한다고 생각했습니다. 저는 해당 내용을 친구들과 공유하여 빈부격차 문제를 해결하려는 방안에 대해 토론하는 시간을 가졌고, 이를 통해 사회적 문제에 대한 시야를 넓힐 수 있었습니다.

저는 답이 명확하게 존재하는 수학의 매력을 느껴 수학을 좋아했습니다. 그러나 고등학교에 진학하여 수학 성적이 잘 나오지 않아 자신감이 많이 떨어졌습니다. 그런 저에게 수학 선생님은 발표 수업을 하도록 이끌어 주셨고, 저는 발표를 준비하기 위해 수업내용을 예습하고, 틀린 문제의 오답을 정리하며 취약한 부분을 채워나갔습니다. 그러다 보니 교과 시간에 배우는 내용을 이해하기가 더욱 수월했고, 발표를 마쳤을 때 선생님과 친구들의 칭찬을 들어 뿌듯했습니다. 이후 저는 수업시간에 능동적으로 참여하기 시작하였습니다. 그 결과 처음에는 귀찮게만 느껴지던 예습이 익숙해지고 성적 또한 향상되면서 자신감을 되찾을 수 있었습니다. 그리고 저는 자신감을 바탕으로 수학 경시대회에 참가하기 시작했습니다. 비록 상을 타진 못했지만, 대회를 준비하면서 도전하는 정신을 배울 수 있었고, 스스로 발전하는 모습을 보며 성취감과 뿌듯함을 얻을 수 있었습니다.

1) 삭제 원리에 따라 문장을 고치려고 하지 말고 과감하게 삭제한다

Ⓐ저는 다양한 현장 활동을 통해 배움을 넓혀나가는 것이 중요하다고 생각했습니다. Ⓑ따라서 ○○에서 주관한 '○○ 프로젝트'에 참가하여 사회적 기업 활동을 계획하고, 봉제 인형을 만들어 보육원에 기부하는 활동을 하였습니다. Ⓒ또 영어신문 동아리에서 '최저임금' 관련 기사를 스크랩하며 경제와 사회문제에 관심을 키워나갔습니다.

1. Ⓐ문장은 '중요하다고 생각했습니다.'라는 형식을 취하는데, 1번 문항은 생각을 묻는 질문이 아닙니다. 그러므로 첫 문장으로 어울리지 않습니다.

2. Ⓑ문장은 1번 문항보다 3번 문항(인성 영역)의 답으로 적절합니다. 따라서 이 문장은 필요 없는 문장이라 할 수 있습니다.

3. Ⓒ문장은 앞뒤의 문장과 호응하지 않습니다. 앞서 설명한 내용은 현장 활동의 중요성과 나눔 활동인데 이어진 문장은 영어신문의 활동과정을 서술한 것입니다. 그렇다면 Ⓒ이 문장은 어디에 어울릴까요? 의미 있었던 활동을 소개하는 2번 문항의 답으로 적절합니다. 그러므로 이 자기소개서의 내용은 1번 문항에 대한 답의 서론으로

는 전혀 어울리지 않습니다. 따라서 서론은 삭제의 원리에 따라 삭제하는 것이 좋겠습니다. 삭제하지 않고 문장만 고치면 어떻게 될까요? 잘못 고친 사례를 한번 보겠습니다.

저는 항상 현장 활동을 중요하게 생각했습니다. 다양한 현장 활동으로 배움을 넓혀나가는 편입니다. 그래서 ○○에서 주관한 '○○ 프로젝트'에 참가하여 사회적 기업 활동을 계획하고, 봉제 인형을 만들어 보육원에 기부하는 활동을 진행하였습니다. 또 영어신문 동아리에서 '최저임금' 관련 기사를 스크랩하며 경제와 사회문제에 적극적으로 참여했습니다.

서론을 수정했지만, 그 후에도 동일한 오류를 범하고 있다는 것을 알 수 있습니다. 그러므로 이 서론에 대한 첨삭이나 수정은 의미가 없습니다. 그만큼 '내용 수정'이 중요한 부분입니다. 모든 작성자는 문장이 문항과 어울리는지, 통일성을 위배하지는 않았는지 살펴봐야 합니다.

2) 삭제하거나 친절하거나

ⓓ하루는 윤리와 사상 수업 때 공자의 '대동 사회'에 대해 배우게 되었습니다. 저는 대동 사회를 보며 현재 우리 사회의 모습에 궁금증이 생겨서 '대동 사회와 현대사회 모습'이라는 주제로 탐구 활동을 시작하였습니다. ⓔ이를 통해 우리 사회의 불평

등한 재화 분배와 빈부격차의 문제를 알 수 있었고, 사회적 제도가 개선되어 소득의 재분배 활성화가 이루어져야 하며 소득층에 관심을 두고 봉사해야 한다고 생각했습니다. ⓕ저는 해당 내용을 친구들과 공유하여 빈부격차 문제를 해결하려는 방안에 대해 토론하는 시간을 가졌고, 이를 통해 사회적 문제에 대한 시야를 넓힐 수 있었습니다.

위에 제시된 내용을 보면 논리적으로 호응하지 않는 것을 발견할 수 있습니다. 어디에서 논리적 오류를 범하고 있을까요? 첫째, 공자의 '대동 사회'에 대해 간단하게나마 정의를 내리지 않고 있고, 쓸데없는 설명으로 글자 수를 남용하면서 대동 사회의 특징에 대한 설명이나 부연서술이 없습니다. 둘째, 공유와 합동문화의 개념을 지닌 대동 사회와 불평등한 재화 분배가 어떤 관련을 맺고 있는지 그 둘을 이어주는 매개체나 서술이 없습니다. 그 개념을 이어주는 것이 바로 궁금증인데, 대동 사회에 궁금증이 생겨서 현대사회의 모습에서 사회 불평등 문제를 깨닫고 토론까지 이어졌다는 서술은 신뢰성을 얻기가 너무 힘들어 보입니다. 논리적으로 보이지 않기 때문에 논리적 연결고리를 만들어주어야 합니다.

자기소개서는 한편의 글이므로 논리적이지 않은 서술이나 친절하지 않은 서술은 작성자가 책임져야 합니다. "내가 겪은 일을 대충 적을 테니 알아서 잘 평가해주세요."라는 식의 서술은 바람직하지 않습니다. 관련 없는 내용은 과감히 삭제하고 자세한 내용이 필요한 부분은 친절하게 설명해주어야 합니다.

1. 덧붙여서 ⓓ문장의 "하루는 윤리와 사상 수업 때~"에서 '하루는'은 전혀 필요 없는 단어입니다.

2. ⓓ"하루는 윤리와 사상 수업 때 공자의 '대동 사회'에 대해 배우게 되었습니다. 저는 대동 사회를 보며 현재 우리 사회의 모습에 대해 궁금증이 생겨서 '대동 사회와 현대사회 모습'이라는 주제로 탐구 활동을 시작하였습니다."는 중언부언이지요. 읽는 과정에서 의미가 전달되지 않습니다. 이 문장은 명료하게 고쳐져야 합니다. '생각했다 또는 알았다'는 서술어를 모두 지우고 개념어를 상위어와 하위어로 구성해서 고쳐보면 다음과 같습니다.

윤리와 사상 교과에서 대동 사회를 배우면서 공유문화에 대한 개념을 배웠고, 공유문화는 사회·문화 교과의 공유경제와 비슷한 개념임을 적용했습니다. 대동 사회와 현대사회의 공통점을 찾고자 이에 따른 개념을 각자 연구하는 주제 탐구 활동과 의견을 교환하기 위한 토론을 통해 현대사회의 가장 큰 문제점인 불평등으로 확장하고, 빈부격차를 줄이기 위한 대안과 방안에 대해 서로 의견을 교환하면서 같은 문제를 보는 다양한 시각을 배울 수 있었습니다.

3) 논리의 비약은 근거를 작성해서 명료하게

ⓖ저는 답이 명확하게 존재하는 수학의 매력을 느껴 수학을 좋아했습니다. ⓗ그러나 고등학교에 진학하여 수학 성적이 잘 나오지 않아 자신감이 많이 떨어졌습니다. ⓘ그런 저에게 수학

선생님은 발표 수업을 하도록 이끌어 주셨고, 저는 발표를 준비하기 위해 수업내용을 예습하고, 틀린 문제의 오답을 정리하며 취약한 부분을 채워나갔습니다.

1. ⓖ문장은 대동 사회와 사회 불평등에 관한 서술이고, 이어지는 내용이 다른 내용을 다루고 있으므로 표지가 필요합니다. 그래서 이 문장에는 '또한, 또, 그리고' 같은 접속부사를 사용해야 합니다.

2. ⓗ그러나 고등학교에 진학하여 수학 성적이 잘 나오지 않아 자신감이 많이 떨어졌습니다. ⓘ그런 저에게 수학 선생님은 발표 수업을 하도록 이끌어 주셨고, 저는 발표를 준비하기 위해 수업내용을 예습하고, 틀린 문제의 오답을 정리하며 취약한 부분을 채워나갔습니다. 앞서 언급한 논리의 비약 부분이 여기에서도 나타납니다. 수학 성적이 잘 나오지 않았는데 선생님은 발표 수업을 하도록 이끌어 주셨고, 예습과 오답 노트를 활용해서 극복했다는 내용입니다. 그러면 부족한 자신에게 왜 수학 선생님이 발표를 이끌었는지 논리적으로 설명해주어야 합니다. 이러한 부분에서 논리적으로 맞게 문장을 고치면 문장의 가독성이 높아집니다. 또 신뢰성도 생기는 자기소개서가 됩니다.

또한 명료한 답이 산출되는 매력에 수학을 좋아한 저는 고등학교에 진학하여 성적이 나오지 않았습니다. 자신감이 떨어진 저에게 수학 선생님은 자신감과 용기를 주기 위해 발표를 권장하였습니다. 발표를 준비하는 과정에서 실수를 줄이기 위해 복습과 오답 노트를 활용한 덕분에 효과를 보았습니다.

이처럼 근거를 작성하고 그다음에 중요단어를 배치하면 내용은 신뢰도가 높은 문장으로 발전할 수 있지요. 위 사례를 보면서 자신의 자기소개서에 논리적으로 설명이 부족한 부분이 어디인지 살펴보고, 그 부분을 자세하게 설명하는 방식으로 고쳐보기 바랍니다. 그 뒤의 내용을 이어서 살펴보겠습니다.

Ⓙ그러다 보니 교과 시간에 배우는 내용을 이해하기가 더욱 수월했고, 발표를 마쳤을 때 선생님과 친구들의 칭찬을 들어 뿌듯했습니다. Ⓚ이후 저는 수업시간에 능동적으로 참여하기 시작하였습니다. 그 결과 처음에는 귀찮게만 느껴지던 예습이 익숙해지고 성적 또한 향상되면서 자신감을 되찾을 수 있었습니다. Ⓛ그리고 저는 자신감을 바탕으로 수학 경시 대회에 참가하기 시작했습니다. Ⓜ비록 상을 타진 못했지만, 대회를 준비하면서 도전하는 정신을 배울 수 있었고, 스스로 발전하는 모습을 보며 성취감과 뿌듯함을 얻을 수 있었습니다.

1. Ⓙ문장의 '그러다 보니'는 좋지 않습니다. 다채로운 내용을 담기 위해서는 연결하는 어구를 삭제하고 명사를 사용하는 것이 좋습니다.

2. ⓚ문장을 잘 읽어보면, 발표를 충실히 하여 칭찬을 들으니까 뿌듯해서 능동적으로 참여했다는 것입니다. 이를 심리적 논리의 서술형 문장이라고 합니다. 일반화의 효과는 이와 같은 부분에서 충실하게 드러납니다. 일반화의 효과를 보기 위해서 이 문장을 좀 더 논리적으로 고쳐볼까요?

충실히 준비하여 발표하면서 투자한 시간과 학습 효과가 항상 비례한다는 사실을 알게 되었습니다. 준비의 중요성을 알게 된 저는 수업시간에 동기부여가 되면서 수업에 적극적으로 참여하고, 예습과 복습이 자연스럽게 습관화하여 성적도 나아질 수 있었습니다.

3. 그다음 이어지는 ⓛ과 ⓜ문장은 이렇게 고치는 것이 좋습니다.

그리고 거기에서 배운 자신감을 바탕으로 수학경시대회에 참가하기 시작했습니다. 비록 상을 타지는 못했지만, 대회를 준비하면서 도전정신을 배우고 투자한 만큼 보상이 주어진다는 점에서 성취감과 뿌듯함을 얻을 수 있었습니다.

내용과 서술에 대한 수정을 마치고 나서 해야 할 일은 삭제나 내용 수정이 완료된 시점에서 다시 시작하는 것입니다. 이제 수정이 완료된 내용만 보겠습니다.

4) 1차 수정이 끝나고 난 뒤 자기소개서 문항과 소스 분석

고등학교 재학 기간 중 학업에 기울인 노력과 학습 경험을 통해, 배우고 느낀 점을 중심으로 기술해 주시기 바랍니다. (띄어쓰기 포함 1,000자 이내)

윤리와 사상 교과에서 대동 사회를 배우면서 공유문화에 대한 개념을 배웠고, 공유문화는 사회·문화 교과의 공유경제와 비슷한 개념임을 적용했습니다. 대동 사회와 현대사회의 공통점을 찾고자 이에 따른 개념을 각자 연구하는 주제 탐구 활동과 의견을 교환하기 위한 토론을 통해 현대사회의 가장 큰 문제점인 불평등으로 확장하고, 빈부격차를 줄이기 위한 대안과 방안에 대해 서로 의견을 교환하면서 같은 문제를 보는 다양한 시각을 배울 수 있었습니다.

또한 명료한 답이 산출되는 매력에 수학을 좋아한 저는 고등학교에 진학하여 성적이 나오지 않았습니다. 자신감이 떨어진 저에게 수학 선생님은 자신감과 용기를 주기 위해 발표를 권장하였습니다. 발표를 준비하는 과정에서 실수를 줄이기 위해 복습과 오답 노트를 활용한 덕분에 효과를 보았습니다.

충실히 준비하여 발표하면서 투자한 시간과 학습 효과가 항상 비례한다는 사실을 알게 되었습니다. 준비의 중요성을 알게 된 저는 수업시간에 동기부여가 되면서 수업에 적극적으로 참여하고, 예습과 복습이 자연스럽게 습관화하여 성적도 나아질 수 있었습니다. 그리고 거기에서 배운 자신감을 바탕으로 수학경시대회에 참가하기 시작했습니다. 비록 상을 타지는 못했지만, 대회를 준비하면서 도전정신을 배우고 투자한 만큼 보상이 주어진다는 점에서 성취감과 뿌듯함을 얻을 수 있었습니다.

이 수정본의 글자 수는 722자입니다. 더 쓸 수 있는 글자는 280자 정도입니다. 글자 수를 계산하기 위해서 일반적으로 사용하는 수식은 한 문장의 평균 글자 수를 50자로 가정했을 때 앞으로 작성이 가능한 문장은 5~6개입니다. 그러면 내용을 첨가하는 과정을 살펴보겠습니다.

1. 윗글을 잘 읽어보면, 결론만큼은 배우고 느낀 점을 작성하라는 문항의 요구사항과 일치합니다. 그러므로 결론은 수정하지 않습니다. 그런데 아까 수정과정에서 문항의 요구사항에 어긋나는 내용이므로 서론을 삭제했습니다. 그러므로 서론이 제시되어야 할 것입니다.
2. 문장을 읽으면서 말을 이어주는 어색한 부분을 수정하겠습니다.
3. 서론을 대략 5~6개 문장으로 작성할 때, 250~280자를 추가하면 구성을 위반하는 것이 아니므로, 서론을 충실하게 작성하면 이 자기소개서는 제출할만하다고 할 수 있습니다. 이제 서론을 추가하겠습니다.

사례 1. 아래 본문의 내용을 요약 및 정리만 할 경우

저는 윤리와 사상 교과에서 대동 사회를 학습하면서 현대사회의 문제점을 알고, 수학의 예·복습과 발표 수업 등을 통해 학업에 시간 투자가 적절하게 필요하다는 사실을 배웠습니다. 대동 사회의 공유 경제적 접근방식과 사회 불평등의 완화방안을 확장하는 토론과 발표를 하면서 사회문제를 다양하게 보는 관점을 배웠습니다. 그리고 수학 학습 경험을 통해 도전하는 자세와 시간 투자가 불가피하다는 점을 배웠습니다. 두 교과에서 대단히 유의미한 학습의 의의를 깨달을 수 있었습니다.

사례 2. 배우고 느낀 점을 위주로 작성할 경우

저는 윤리와 사상 교과를 공부하면서 공자의 대동 사회 개념이 현대사회의 가장 큰 문제점이 사회 불평등을 해결하는 방안 중의 하나임을 배울 수 있었습니다. 그리고 수학 교과에서 자신감이 떨어졌을 때 시간을 충실하게 투자하면서 복습과 오답 노트를 활용하여 용기와 자신감을 다시 찾고, 나아가 수학경시대회에 참가하면서 도전정신도 배울 수 있었습니다. 따라서 대동사회의 협력의 중요성, 수학에 투자한 시간의 정직성, 도전정신을 배울 수 있었던 고등학교 생활은 의미 있는 시간이었습니다.

수정 전과 수정 후를 비교하면 다음과 같습니다.

　저는 다양한 현장 활동을 통해 배움을 넓혀나가는 것이 중요하다고 생각했습니다. 따라서 ○○에서 주관한 '○○ 프로젝트'에 참가하여 사회적 기업 활동을 계획하고, 봉제 인형을 만들어 보육원에 기부하는 활동을 하였습니다. 또 영어신문 동아리에서 '최저임금' 관련 기사를 스크랩하며 경제와 사회문제에 관심을 키워나갔습니다.

　하루는 윤리와 사상 수업 때 공자의 '대동 사회'에 대해 배우게 되었습니다. 저는 대동 사회를 보며 현재 우리 사회의 모습에 궁금증이 생겨서 '대동 사회와 현대사회 모습'이라는 주제로 탐구 활동을 시작하였습니다. 이를 통해 우리 사회의 불평등한 재화 분배와 빈부격차의 문제를 알 수 있었고, 사회적 제도가 개선되어 소득의 재분배 활성화가 이루어져야 하며 소득층에 관심을 두고 봉사해야 한다고 생각했습니다. 저는 해당 내용을 친구들과 공유하여 빈부격차 문제를 해결하려는 방안에 대해 토론하는 시간을 가졌고, 이를 통해 사회적 문제에 대한 시야를 넓힐 수 있었습니다.

　저는 답이 명확하게 존재하는 수학의 매력을 느껴 수학을 좋아했습니다. 그러나 고등학교에 진학하여 수학 성적이 잘 나오지 않아 자신감이 많이 떨어졌습니다. 그런 저에게 수학 선생님은 발표 수업을 하도록 이끌어 주셨고, 저는 발표를 준비하기 위해 수업내용을 예습하고, 틀린 문제의 오답을 정리하며 취약한 부분을 채워나갔습니다. 그러다 보니 교과 시간에 배우는 내용을 이해하기가 더욱 수월했고, 발표를 마쳤을 때 선생님과 친구들의 칭찬을 들어 뿌듯했습니다. 이후 저는 수업시간에 능동적으로 참여하기 시작하였습니다. 그 결과 처음에는 귀찮게만 느껴지던 예습이 익숙해지고 성적 또한 향상되면서 자신감을 되찾을 수 있었습니다. 그리고 저는 자신감을 바탕으로 수학 경시대회에 참가하기 시작했습니다. 비록 상을 타진 못했지만, 대회를 준비하면서 도전하는 정신을 배울 수 있었고, 스스로 발전하는 모습을 보며 성취감과 뿌듯함을 얻을 수 있었습니다.

수정 후

사례 1. 아래 본문의 내용을 요약 및 정리만 할 경우

저는 윤리와 사상 교과에서 대동 사회를 학습하면서 현대사회의 문제점을 알고, 수학의 예·복습과 발표 수업 등을 통해 학업에 시간 투자가 적절하게 필요하다는 사실을 배웠습니다. 대동사회의 공유 경제적 접근방식과 사회 불평등의 완화방안을 확장하는 토론과 발표를 하면서 사회문제를 다양하게 보는 관점을 배웠습니다. 그리고 수학 학습 경험을 통해 도전하는 자세와 시간 투자가 불가피하다는 점을 배웠습니다. 두 교과에서 대단히 유의미한 학습의 의의를 깨달을 수 있었습니다.

사례 2. 배우고 느낀 점을 위주로 작성할 경우

저는 윤리와 사상 교과를 공부하면서 공자의 대동 사회 개념이 현대사회의 가장 큰 문제점이 사회 불평등을 해결하는 방안 중의 하나임을 배울 수 있었습니다. 그리고 수학 교과에서 자신감이 떨어졌을 때 시간을 충실하게 투자하면서 복습과 오답 노트를 활용하여 용기와 자신감을 다시 찾고, 나아가 수학경시대회에 참가하면서 도전정신도 배울 수 있었습니다. 따라서 대동 사회의 협력의 중요성, 수학에 투자한 시간의 정직성, 도전정신을 배울 수 있었던 고등학교 생활은 의미 있는 시간이었습니다.

윤리와 사상 교과에서 대동 사회를 배우면서 공유문화에 대한 개념을 배웠고, 공유문화는 사회·문화 교과의 공유경제와 비슷한 개념임을 적용했습니다. 대동 사회와 현대사회의 공통점을 찾고자 이에 따른 개념을 각자 연구하는 주제 탐구 활동과 의견을 교환하기 위한 토론을 통해 현대사회의 가장 큰 문제점인 불평등으로 확장하고, 빈부격차를 줄이기 위한 대안과 방안에 대해 서로 의견을 교환하면서 같은 문제를 보는 다양한 시각을 배울 수 있었습니다.

또한 명료한 답이 산출되는 매력에 수학을 좋아한 저는 고등학교에 진학하여 성적이 나오지 않았습니다. 자신감이 떨어진 저에게 수학 선생님은 자신감과 용기를 주기 위해 발표를 권장하였습니다. 발표를 준비하는 과정에서 실수를 줄이기 위해 복습과 오답 노트를 활용한 덕분에 효과를 보았습니다.

충실히 준비하여 발표하면서 투자한 시간과 학습 효과가 항상 비례한다는 사실을 알게 되었습니다. 준비의 중요성을 알게 된 저는 수업시간에 동기부여가 되면서 수업에 적극적으로 참여하고, 예습과 복습이 자연스럽게 습관화하여 성적도 나아질 수 있었습니다. 그리고 거기에서 배운 자신감을 바탕으로 수학경시대회에 참가하기 시작했습니다. 비록 상을 타지는 못했지만, 대회를 준비하면서 도전정신을 배우고 투자한 만큼 보상이 주어진다는 점에서 성취감과 뿌듯함을 얻을 수 있었습니다.

수정 전과 수정 후는 어떻게 다른가요? 문장 수정에서 중요한 것은 문장을 버릴 수 있어야 한다는 점입니다. 곧 삭제의 원리가 중요하다는 점입니다. 자기소개서는 작성도 어렵지만, 수정은 더 어렵다는 말이 있습니다. 공부가 쉬웠다는 얘기는 있어도 자기소개서를 쓰기가 쉬웠다는 말은 듣기 힘듭니다.

삭제의 원리를 사용하지 않고 서론을 문장 고치기와 첨삭으로 해결하려 해도 소기의 목적을 달성하기는 어려울 것입니다. 그래서 주관적 내용에 대한 애착을 버릴 수 있어야 수정이 쉬워집니다. 과감하게 버릴 수 있어야 완성된 자기소개서를 손에 쥘 수 있습니다.

2

대형 공사형
; 내용과 구성이 모두 무너진 자기소개서

다시 쓰는 게 나을 것 같은 자기소개서를 수정할 때는 어떻게 해야 할까요?

고등학교 재학 기간 중 본인이 의미를 두고 노력했던 교내 활동(3개 이내)을 통해 배우고 느낀 점을 중심으로 기술하기 바랍니다. 단, 교외 활동 중 학교장의 허락을 받고 참여한 활동은 포함됩니다. (띄어쓰기 포함 1,500자 이내)

Ⓐ경제 관련 학문은 관련 산업과 연계된 개념으로 활용될 때 더욱 효율적인 학문이 될 수 있다고 생각합니다. Ⓑ예를 들어 환경 경제, 농촌 경제와 같이 제반(諸般) 산업과 연계되어 전문적이고 깊이 있는 연구가 지속하여야 한다고 생각하고, 저 또한 전공 이후 연계 산업을 연구하는 전문 인력이 되고자 합니다. Ⓒ제가 경제에 관심을 두게 된 것은 고등학교 2학년 때부터입니다. 우리 학교가 경제교육 연구 시범학교로 선정되어 일주일에 한 번

씩 경제교육을 받게 되었는데, 저는 경제 수업을 통해 경제에 흥미를 느끼게 되었습니다.

ⓓ장마나 가뭄 같은 자연재해로 인해 배추 공급이 부족해지면 가격이 폭등할 것을 대비하여 중간 상인이 수확하기 훨씬 전에 미리 계약하여 사재기하는 '독과점(獨寡占) 거래'를 배우던 날이었습니다.

ⓔ흔히 일어나는 사회문제나 최근 많은 문제가 되는 환경문제에 경제이론을 적용하여 해결하는 것이 정말 재미있었고, 평소 관심 있던 분야인 환경에 경제라는 학문을 접목한 활동을 하니 의미 있게 느껴졌습니다. 더욱 깊이 있는 지식을 알고 싶어 경제 관련 도서를 찾아 읽어보며 경제에 대한 지식을 넓혀갔습니다.

ⓕ개념을 넓혀서 사회적 문제로 접근해 보면 농산물의 집단 매수 계약을 허용할 것인지 금지할 것인지를 여러 관점으로 고민해 보았습니다. ⓖ경제에 대한 영상을 보고 '경제와의 데이트'라는 포트폴리오를 작성하며 수업에 열심히 참여하였으며 경제교육 시간이 점점 기다려지기 시작했습니다.

ⓗ그리고 매주 월요일 경제 퍼즐을 맞추는 활동에 참여해 가로 퍼즐과 세로 퍼즐을 맞추고 유추해가며 경제에 대한 흥미를 더 넓히게 되었습니다. ⓘ저는 앞으로 전공 이후에도 지속적인 경제 관련 산업에 관심을 갖고 대학 생활 동안 활발한 대외활동과 전문성을 길러 나갈 것입니다.

ⓙ저는 또한 '대형마트의 영업을 규제해야 한다'라는 논제

로 주제토론을 하였습니다. Ⓚ저희 팀은 전통시장 활성화, 대형 마트의 휴식권리 등을 강조하며 찬성 의견을 준비하였습니다. Ⓛ저는 이 토론을 준비하면서 많은 자료를 조사한 뒤 최종 변론 하는 역할을 맡았습니다. Ⓜ그 결과 선생님과 친구들이 토론을 가장 잘한 팀으로 선정해주었습니다.

　Ⓝ저는 이 과정을 통해 책임감과 맡은 바 일을 다 하는 것이 얼마나 중요한지를 알게 되었습니다. Ⓞ그래서 저는 대학 생활 에서도 협동심을 발휘해서 조별 활동을 할 때 책임감 있는 역 할을 맡으려고 합니다. Ⓟ또 경제 관련 부처의 대외활동에 참 여하여 협동심을 발휘하는 등 진취적이고 주도적인 역할을 해 낼 것입니다.

　자기소개서를 작성하다 보면 다시 쓰는 게 낫겠다고 생각하는 경 우가 있습니다. 그런데 논리상 오류가 아주 많고 구성이 무너진 자 기소개서는 다시 쓴다고 해도 나아지지 않습니다. 왜냐하면 구성은 단기간에 고쳐지지 않기 때문입니다. 따라서 이런 경우는 다시 써 도 비슷한 자기소개서가 나옵니다. 제출 기간이 임박해서 제출할 가능성도 커지게 됩니다. 그러면 고쳐야 하는 것이 정답입니다. 전 체 내용을 다시 구성하면 그래도 제출할만한 자기소개서가 만들어 질 수 있습니다.

　위의 사례에는 꽤 많은 오류가 있으며, 문항의 요구하는 사항을 충실하게 반영하고 있지 않습니다. 그 이유는 생활기록부 분석이나 소재 선정에 오류가 있었기 때문입니다. 그래서 구성에 실패한 자기소개서가 되고 말았습니다.

같은 문장을 나열하더라도 어디에 쓰는가에 따라 효과적으로 보입니다. 또 문장의 순서에서 배열이 틀릴 때는 읽기가 힘들뿐더러 무엇을 전달하는지도 알아채기 어렵습니다. 위의 자기소개서는 소재의 선정에 문제가 있고, 구성에서도 앞뒤 호응 관계가 전혀 형성되어 있지 않기 때문에 읽기 어렵고 논지를 파악하기 어렵습니다. 이럴 때는 각 문장의 요소를 분리해서 구성을 다시 진행하고, 삭제와 첨가의 원리에 따라서 문장을 한 땀 한 땀 고쳐야 합니다.

사실 이 정도 내용이면 그냥 다시 쓰는 게 낫습니다. 하지만 자신의 논지가 명백하지 않으면 아예 백지로 돌아가고 나서 다시 작성해도 별반 다를 바 없는 자기소개서가 될 확률이 높습니다. 그러므로 수정을 진행하면서 구성과 배열 문제를 해결해야 합니다.

①주성분인 주어와 핵심어만 모아보면, 무슨 얘기를 쓰고 싶은지 파악할 수 있습니다.

Ⓐ경제 관련 학문은 관련 산업과 연계된 개념으로 활용될 때 더욱 효율적인 학문이 될 수 있다고 생각합니다. Ⓑ예를 들어 환경 경제, 농촌 경제와 같이 제반(諸般) 산업과 연계되어 전문적이고 깊이 있는 연구가 지속하여야 한다고 생각하고, 저 또한 전공 이후 연계 산업을 연구하는 전문 인력이 되고자 합니다. Ⓒ제가 경제에 관심을 두게 된 것은 고등학교 2학년 때부터입니다. 우리 학교가 경제교육 연구 시범학교로 선정되어 일주일에 한 번

씩 경제교육을 받게 되었는데, 저는 경제 수업을 통해 경제에 흥미를 느끼게 되었습니다.

Ⓓ장마나 가뭄 같은 자연재해로 인해 배추 공급이 부족해지면 가격이 폭등할 것을 대비하여 중간 상인이 수확하기 훨씬 전에 미리 계약하여 사재기하는 '독과점(獨寡占) 거래'를 배우던 날이었습니다.

Ⓔ흔히 일어나는 사회문제나 최근 많은 문제가 되는 환경문제에 경제이론을 적용하여 해결하는 것이 정말 재미있었고, 평소 관심 있던 분야인 환경에 경제라는 학문을 접목한 활동을 하니 의미 있게 느껴졌습니다. 더욱 깊이 있는 지식을 알고 싶어 경제 관련 도서를 찾아 읽어보며 경제에 대한 지식을 넓혀갔습니다.

Ⓕ개념을 넓혀서 사회적 문제로 접근해 보면 농산물의 집단 매수 계약을 허용할 것인지 금지할 것인지를 여러 관점으로 고민해 보았습니다. Ⓖ경제에 대한 영상을 보고 '경제와의 데이트'라는 포트폴리오를 작성하며 수업에 열심히 참여하였으며 경제교육 시간이 점점 기다려지기 시작했습니다.

Ⓗ그리고 매주 월요일 경제 퍼즐을 맞추는 활동에 참여해 가로 퍼즐과 세로 퍼즐을 맞추고 유추해가며 경제에 대한 흥미를 더 넓히게 되었습니다. Ⓘ저는 앞으로 전공 이후에도 지속적인 경제 관련 산업에 관심을 갖고 대학 생활 동안 활발한 대외활동과 전문성을 길러 나갈 것입니다.

Ⓙ저는 또한 '대형마트의 영업을 규제해야 한다'라는 논제

로 주제토론을 하였습니다. ⓚ저희 팀은 전통시장 활성화, 대형 마트의 휴식권리 등을 강조하며 찬성 의견을 준비하였습니다. ⓛ저는 이 토론을 준비하면서 많은 자료를 조사한 뒤 최종 변론하는 역할을 맡았습니다. ⓜ그 결과 선생님과 친구들이 토론을 가장 잘한 팀으로 선정해주었습니다.

ⓝ저는 이 과정을 통해 책임감과 맡은 바 일을 다 하는 것이 얼마나 중요한지를 알게 되었습니다. ⓞ그래서 저는 대학 생활에서도 협동심을 발휘해서 조별 활동을 할 때 책임감 있는 역할을 맡으려고 합니다. ⓟ또 경제 관련 부처의 대외활동에 참여하여 협동심을 발휘하는 등 진취적이고 주도적인 역할을 해낼 것입니다.

위에 제시된 내용 중에서 중요한 내용만 간추려 구성해보면 다음과 같습니다.

문항의 요구사항 : 의미를 두고 노력했던 교내활동을 통해 배우고 느낀 점(3개 이내)

본문에서 자신이 제시한 문장	작성 근거와 구성
경제는 산업과 연계된 개념으로 활용	의미를 두게 된 근거와 관심이 많았던 분야
환경 경제, 농촌 경제와 같이 제반산업과 연계	
산업을 연구하는 전문 인력이 되고자	
경제 수업에 흥미와 재미를 가지게	

경제는 산업과 연계된 개념으로 활용	의미를 두게 된 근거와 관심이 많았던 분야
환경 경제, 농촌 경제와 같이 제반산업과 연계	
산업을 연구하는 전문 인력이 되고자	
경제 수업에 흥미와 재미를 가지게	
독과점(獨寡占) 거래 연구	경제와 연계된 융합 활동(1)
환경문제에 경제이론을 적용하여 해결하는 것이 정말 재미있었고	
'경제와의 데이트'라는 포트폴리오	
경제 퍼즐을 맞추는 활동	
'대형마트의 영업을 규제해야 한다'라는 논제로 주제토론	주제토론과 사회문제의 대안 모색 활동(2)
전통시장 활성화, 대형마트의 휴식권리	
대학 생활 동안 활발한 대외활동과 전문성 함양	활동의 목적
대외활동을 하면서 협동심을 발휘해서 진취적이고 주도적인 역할	대학진학 후의 로드맵
협동심을 발휘해서 조별 활동을 할 때 책임감 있는 역할	배우고 느낀 점

　내용을 정리하고 순서를 배열한 후 배열한 내용에 제목을 달며 개요표가 완성되는 것을 볼 수 있습니다. 그러면 개요표를 바탕으로 자기소개서를 완성할 수 있지요. 구성 과정을 거친 개요를 바탕으로 완성된 자기소개서를 작성해 보겠습니다.

　고등학교 재학 기간 중 본인이 의미를 두고 노력했던 교내 활동(3개 이내)을 통해 배우고 느낀 점을 중심으로 기술해 주시기 바랍니다. 단, 교외

활동 중 학교장의 허락을 받고 참여한 활동은 포함됩니다. (띄어쓰기 포함 1,500자 이내)

　저는 평소 경제에 대한 관심이 많았습니다. 경제학은 단독 학문으로서 매력 있는 학문이면서도 농업경제, 산업경제 등과 연계된 학문입니다. 사회현상을 읽을 수 있는 매개체로서도 연구 가치가 매우 높다고 할 수 있습니다. 그래서 경제학과에 관심을 두고 산업과 사회를 연구하는 전문인이 되고자 저에게 경제학 공부는 가장 인상 깊고 의미 있는 활동이었습니다.

　좋아하다 보니 수업에 적극적으로 참여했으며, 활동을 누구보다 많이 앞장서서 주도했습니다. 첫 번째 활동은 학교의 경제수업과 연관된 활동이었습니다. 저는 경제 과목과 연관된 융합 활동을 다양하게 진행했습니다. 연구 활동으로 '허생전을 통해 알아보는 독과점 거래의 연구', '독점 과점의 차이점 분석', '환경문제의 경제이론 대안 연구'가 있었습니다. 이론이 사회에서 어떤 방식으로 발현되는지 해석하는 활동이었습니다. '경제와의 데이트'라는 포트폴리오와 경제 퍼즐을 맞추는 활동에서는 실제 만들고 완성하는 활동을 통해 개인의 연구와 정리 제작물을 배우면서 활동한 개념을 정리하는 계기로 활용할 수 있었습니다.

　두 번째 활동은 사회 이슈에 대한 주제토론과 문제의 대안을 모색하는 활동으로 가장 인상 깊었던 활동입니다. 대형마트의 영업 규제에 따른 찬반 토론을 통해서 골목상권의 피해 정도와 소상공인의 논지를 분석하고, 대형마트 영업 규제 이전과 이후의 시장상권 분석, 전통시장의 활성화를 위한 방안 등을 논의하는 주제토론은 사회문제를 고등학생의 관점으로 보는 의미 있는 활동이었습니다. 그리고 대형마트 종사자의 휴식권리를 식당 종사자나 일반 소상공인에게 적용할 수 있는지, 또 휴식권리를 실행할 때 어떤 방법이 좋을지 학우들과 주제토론을 하면서 정말 다양한 의견이 있다는 점을 알게 되었습니다. 이를 통해서 학교 내의 문제에서 다루지 못한 대외활동의 심화 과정이 경제적 입장과 사회적 입장, 인권의 입장 등 다양한 관점을 적용해서 사고해 보는 계기가 되었습니다.

두 활동은 고등학생들이 접근할 방법인 인터넷과 의견교환이라는 제한된 환경에서 이루어질 수밖에 없었지만, 이를 통해 현장의 목소리나 정책에 따른 현장의 체감 온도가 서로 다를 수 있고, 실제 사례를 분석해야 설득력 있고 신뢰할 수 있는 분석 자료를 수집할 수 있다는 점을 깨닫게 된 의미 있는 활동이었습니다.

따라서 시장경제 원리를 바탕으로 확장하는 개념이 경제학의 원칙이므로 이러한 활동에서 배운 협동심과 경험을 살려서 더 전문화한 인재가 되기 위한 좋은 소양을 배운 계기였습니다. 활동을 통해 배운 책임감, 협동심, 경험을 바탕으로 앞으로의 연구와 분석 활동의 초석으로 삼아서 진취적이고 주도적인 역할을 할 것입니다.

그러면 원본과 수정본을 비교해볼까요?

수정 전

경제 관련 학문은 관련 산업과 연계된 개념으로 활용될 때 더욱 효율적인 학문이 될 수 있다고 생각합니다. 예를 들어 환경 경제, 농촌 경제와 같이 제반(諸般) 산업과 연계되어 전문적이고 깊이 있는 연구가 지속하여야 한다고 생각하고, 저 또한 전공 이후 연계 산업을 연구하는 전문 인력이 되고자 합니다. 제가 경제에 관심을 두게 된 것은 고등학교 2학년 때부터입니다. 우리 학교가 경제교육 연구 시범학교로 선정되어 일주일에 한 번씩 경제교육을 받게 되었는데, 저는 경제 수업을 통해 경제에 흥미를 느끼게 되었습니다.

장마나 가뭄 같은 자연재해로 인해 배추 공급이 부족해지면 가격이 폭등할 것을 대비하여 중간 상인이 수확하기 훨씬 전에 미리 계약하여 사재기하는 '독과점(獨寡占) 거래'를 배우던 날이었습니다.

흔히 일어나는 사회문제나 최근 많은 문제가 되는 환경문제에 경제이론을 적용하여 해결하는 것이 정말 재미있었고, 평소 관심 있던 분야인 환경에 경제라는 학문을 접목한 활동을 하니 의미 있게 느껴졌습니다. 더욱 깊이 있는 지식을 알고 싶어 경제 관련 도서를 찾아 읽어보며 경제에 대한 지식을 넓혀갔습니다.

개념을 넓혀서 사회적 문제로 접근해 보면 농산물의 집단 매수 계약을 허용할 것인지 금지할 것인지를 여러 관점으로 고민해 보았습니다. 경제에 대한 영상을 보고 '경제와의 데이트'라는 포트폴리오를 작성하며 수업에 열심히 참여하였으며 경제교육

시간이 점점 기다려지기 시작했습니다.

그리고 매주 월요일 경제 퍼즐을 맞추는 활동에 참여해 가로 퍼즐과 세로 퍼즐을 맞추고 유추해가며 경제에 대한 흥미를 더 넓히게 되었습니다. 저는 앞으로 전공 이후에도 지속적인 경제 관련 산업에 관심을 갖고 대학 생활 동안 활발한 대외활동과 전문성을 길러 나갈 것입니다.

저는 또한 '대형마트의 영업을 규제해야 한다'라는 논제로 주제토론을 하였습니다. 저희 팀은 전통시장 활성화, 대형마트의 휴식권리 등을 강조하며 찬성 의견을 준비하였습니다. 저는 이 토론을 준비하면서 많은 자료를 조사한 뒤 최종 변론하는 역할을 맡았습니다. 그 결과 선생님과 친구들이 토론을 가장 잘한 팀으로 선정해주었습니다.

저는 이 과정을 통해 책임감과 맡은 바 일을 다 하는 것이 얼마나 중요한지를 알게 되었습니다. 그래서 저는 대학 생활에서도 협동심을 발휘해서 조별 활동을 할 때 책임감 있는 역할을 맡으려고 합니다. 또 경제 관련 부처의 대외활동에 참여하여 협동심을 발휘하는 등 진취적이고 주도적인 역할을 해낼 것입니다.

수정 후

저는 평소 경제에 대한 관심이 많았습니다. 경제학은 단독 학문으로서 매력 있는 학문이면서도 농업경제, 산업경제 등과 연계된 학문입니다. 사회현상을 읽을 수 있는 매개체로서도 연구 가치가 매우 높다고 할 수 있습니다. 그래서 경제학과에 관심을 두고 산업과 사회를 연구하는 전문인이 되고자 저에게 경제학 공부는 가장 인상 깊고 의미 있는 활동이었습니다.

　좋아하다 보니 수업에 적극적으로 참여했으며, 활동을 누구보다 많이 앞장서서 주도했습니다. 첫 번째 활동은 학교의 경제수업과 연관된 활동이었습니다. 저는 경제 과목과 연관된 융합 활동을 다양하게 진행했습니다. 연구 활동으로 '허생전을 통해 알아보는 독과점 거래의 연구', '독점 과점의 차이점 분석', '환경문제의 경제이론 대안 연구'가 있었습니다. 이론이 사회에서 어떤 방식으로 발현되는지 해석하는 활동이었습니다. '경제와의 데이트'라는 포트폴리오와 경제 퍼즐을 맞추는 활동에서는 실제 만들고 완성하는 활동을 통해 개인의 연구와 정리 제작물을 배우면서 활동한 개념을 정리하는 계기로 활용할 수 있었습니다.

　두 번째 활동은 사회 이슈에 대한 주제토론과 문제의 대안을 모색하는 활동으로 가장 인상 깊었던 활동입니다. 대형마트의 영업 규제에 따른 찬반 토론을 통해서 골목상권의 피해 정도와 소상공인의 논지를 분석하고, 대형마트 영업 규제 이전과 이후의 시장상권 분석, 전통시장의 활성화를 위한 방안 등을 논의하는 주제토론은 사회문제를 고등학생의 관점으로 보는 의미 있는 활동이었습니다. 그리고 대형마트 종사자의 휴식권리를 식당 종사자나 일반 소상공인에게 적용할 수 있는지, 또 휴식권리를 실행할 때 어떤 방법이 좋을지 학우들과 주제토론을 하면서 정말 다양한 의견이 있다는 점을 알게 되었습니다. 이를 통해서 학교 내의 문제에서 다루지 못한 대외활동의 심화 과정이 경제적 입장과 사회적 입장, 인권의 입장 등 다양한 관점을 적용해서 사고해 보는 계기가 되었습니다.

두 활동은 고등학생들이 접근할 방법인 인터넷과 의견교환이라는 제한된 환경에서 이루어질 수밖에 없었지만, 이를 통해 현장의 목소리나 정책에 따른 현장의 체감 온도가 서로 다를 수 있고, 실제 사례를 분석해야 설득력 있고 신뢰할 수 있는 분석 자료를 수집할 수 있다는 점을 깨닫게 된 의미 있는 활동이었습니다.

따라서 시장경제 원리를 바탕으로 확장하는 개념이 경제학의 원칙이므로 이러한 활동에서 배운 협동심과 경험을 살려서 더 전문화한 인재가 되기 위한 좋은 소양을 배운 계기였습니다. 활동을 통해 배운 책임감, 협동심, 경험을 바탕으로 앞으로의 연구와 분석 활동의 초석으로 삼아서 진취적이고 주도적인 역할을 할 것입니다.

수정 전과 수정 후를 비교했을 때 가장 달라진 점은 무엇일까요?
첫 번째, 수정 전의 자기소개서는 활동에 집중해서 작성했다고 볼 수 없는 구조로 되어 있습니다. 반면에 수정 후의 자기소개서는 개념이나 추상적 단어가 주제나 문항의 요구사항에서 벗어나려 하면 '활동'에 맞추어서 작성하고자 노력하는 모습을 보입니다.

두 번째, 논리적 비약을 의도적으로 사용합니다. 활동의 취지와 활동 시작 과정이 길지 않으며, 활동에서 무엇을 배우고 무엇을 느꼈는지에 집중해서 작성하였습니다.

세 번째, 문단의 논리적 구성이 전체 글을 꼼꼼하게 읽지 않더라도 눈에 띄는 것을 알 수 있습니다. 논리적 구성이란 문항의 요구사항을 각각의 항목으로 설정했을 때, 작성해야 하는 문항의 요구사항을 한 문단씩 배정하는 것입니다. 위의 글에서 논리적 구성을 확인할 수 있는 이유는 문항에서 제시한 의미 있는 활동이 두 가지 이상이라는 점입니다. 서론에서 활동 개요와 취지를 서술한 뒤, 본론에서 두 가지 활동을 한 문단씩 배정하고, 결론으로 배우고 느낀 점을 한 문단에 담아 구성했기 때문입니다. 이렇게 한 문단에 하나의 의미 단위(활동)를 작성하면 가독성이 높아집니다.

3
초대형 공사형
; 고쳐 쓸까? 새로 쓸까?

고쳐서 타는 것보다 새로 사는 것이 나은 물건이 있습니다. 그런데 자기소개서는 다시 써도 전과 같아지는 경우가 많습니다. 애착이 많이 가면 다시 고치고 싶을 것입니다. 이분법에 따라 다시 쓸지아니면 고쳐 쓸지 고민한 뒤 고쳐 쓰기로 결론을 내린다면, '어떻게'만 생각해야 합니다.

학교생활 중 배려, 나눔, 협력, 갈등 관리 등을 실천한 사례를 들고, 그 과정을 통해 배우고 느낀 점을 기술하기 바랍니다. (띄어쓰기 포함 1,000자 이내)

"내게 있는 약간의 배려가 세상을 더 행복하게 만든다."

- J. F. Kennedy

나는 어렸을 때부터 다 함께 어울려 노는 것을 좋아했다. 그래서 주변에 친구들이 가득했다. 초등학교 6학년 때 친구와 사소한 문제로 다퉈서 친구들과의 사이에 배려심이란 것이 필요하다는 것을 알게 되었다. 내가 생각하는 배려란 다음과 같다.

첫째, 고집부리지 않고 내가 먼저 미안하다고 사과할 줄 아는 마음이다. 누구나 자기가 옳다고 생각할 수 있지만, 잠시 물러설 줄 아는 지혜가 필요하다. 고등학교에 진학하면서 낯선 곳으로 와 친구가 아예 없었지만 먼저 다가가서 웃어주고 배려하는 나를 친구들은 매우 아껴주었다. 그래서 나는 자존심을 세우는 것보다 상대방을 배려하는 것이 최선이라고 생각한다.

둘째, 다른 사람의 이야기를 경청할 줄 아는 것이야말로 최선의 배려이다. 친구들은 나에게 고민을 상담하는 편이다. 가끔 듣기 불편한 이야기나 내가 감당할 수 없는 이야기를 하는 경우도 있지만 그래도 열심히 들어주고 위로해준다. 문제 해결을 위해 내가 조언해 주지 않아도 이야기하면서 스스로 해결책을 찾는 경우를 많이 보아왔다.

셋째, 매사에 말을 조심하는 것이다. 말은 항상 그대로 전해지는 법 없이 왜곡되거나 굴절되어서 전달된다. 그래서 나는 항상 말을 조심하는 편인데, 이런 성격이 친구들에게 속 깊은 상담을 하게 해준다고 생각한다. 나는 대학진학 후에 많은 대외활동과 활발한 학회 활동을 하고 싶다. 이 과정에서 내가 배운 배려심을 실천하고 이어나갈 것이다.

일단 고치기 위해서는 원본 분석을 반드시 해야 합니다. 원본을 보면 '배려란 무엇인가에 대한 자기 생각을 논하시오.' 같아 보입니다. 문제를 읽지 못해 생긴 현상입니다. 게다가 시기의 오류(초등학교)도 존재할뿐더러, 문항의 요구사항과 전혀 다른 방향으로 흘러가고 있습니다. 이 원본에서는 쓸 수 있는 개념만 살려야 합니다.

Ⓐ "내게 있는 약간의 배려가 세상을 더 행복하게 만든다."

- J. F. Kennedy(인용문)

나는 어렸을 때부터 다 함께 어울려 노는 것을 좋아했다. 그래서 주변에 Ⓑ 친구들이 가득했다. 초등학교 6학년 때 Ⓒ 친구와 사소한 문제로 다퉈서 친구들과의 사이에 배려심이란 것이 필요하다는 것을 알게 되었다. 내가 생각하는 배려란 다음과 같다.

첫째, Ⓓ 고집부리지 않고 내가 먼저 미안하다고 사과할 줄 아는 마음이다. 누구나 자기가 옳다고 생각할 수 있지만, 잠시 물러설 줄 아는 지혜가 필요하다. 고등학교에 진학하면서 낯선 곳으로 와 친구가 아예 없었지만 Ⓔ 먼저 다가가서 웃어주고 배려하는 나를 친구들은 매우 아껴주었다. 그래서 나는 자존심을 세우는 것보다 상대방을 배려하는 것이 최선이라고 생각한다.

둘째, Ⓕ 다른 사람의 이야기를 경청할 줄 아는 것이야말로 최선의 배려이다. 친구들은 나에게 고민을 상담하는 편이다. 가끔 Ⓖ 듣기 불편한 이야기나 내가 감당할 수 없는 이야기를 하는 경우도 있지만 그래도 열심히 들어주고 위로해준다. Ⓗ 문제 해결을 위해 내가 조언해 주지 않아도 이야기하면서 스스로 해결책을 찾는 경우를 많이 보아왔다.

셋째, Ⓘ 매사에 말을 조심하는 것이다. 말은 항상 그대로 전해지는 법 없이 왜곡되거나 굴절되어서 전달된다. 그래서 나는 항상 말을 조심하는 편인데, 이런 성격이 친구들에게 속 깊은 상담을 하게 해준다고 생각한다. 나는 ⑴ 대학진학 후에 많은 대외활동과 활발한 학회 활동을 하고 싶다. 이 과정에서 내가 배운 배려심을 실천하고 이어나갈 것이다.

위의 표시된 Ⓐ~⑴를 살리고자 하는 이유 : 문항의 요구사항과 다른 방향으로 서술하고 있지만, 표시된 내용만큼은 문항에서 요구하는 필수사항을 포함하고 있기 때문입니다. 그러면 이 내용을 토대로 문항의 요구에 맞도록 대응해보겠습니다.

3번 문항은 특별한 경험이나 개인적 생각이 아니라 인성 영역에서 보편적 사례(경험)를 요구하므로 좀 더 구체화하면 어렵지 않게 답안을 작성할 수 있습니다. 이를 토대로 구성표(개요)를 작성하면 다음과 같습니다.

1) 버리지 않고 살리는 문장과 살리는 근거

원본의 문장	
Ⓐ"내게 있는 약간의 배려가 세상을 더 행복하게 만든다." – J. F. Kennedy	인용문은 신뢰성을 높여주는 장치이므로 활용할 수 있습니다.
Ⓑ 주변에 항상 친구들이 가득했다.	평소 작성자의 소양이므로 대응을 위한 소스
Ⓒ 친구와 사소한 문제로 다퉈서 친구들과의 사이에 배려심이란 것이 필요하다는 것을 알게 되었다.	사례가 등장하므로 사례에서 활용

ⓓ 고집부리지 않고 내가 먼저 미안하다고 사과할 줄 아는 마음	먼저 사과하는 자세가 필요했다는 논지입니다. 다툼의 해결방식으로 활용할 수 있습니다.
ⓔ 먼저 다가가서 웃어주고 배려하는 나를 친구들은 매우 아껴주었다.	적극적이고 솔선수범하는 자세는 인성 영역에서 자랑할만한 내용입니다.
ⓕ 다른 사람의 이야기를 경청할 줄 아는 것이야말로 최선의 배려	경청은 인성 영역의 가장 중요한 부분입니다.
ⓖ 듣기 불편한 이야기나 내가 감당할 수 없는 이야기를 하는 경우도 있지만 그래도 열심히 들어주고 위로	경청의 사례입니다. 쓰기 좋은 내용입니다.
ⓗ 문제 해결을 위해 내가 조언해 주지 않아도 이야기하면서 스스로 해결책을 찾는 경우를 많이 보아왔다.	경청을 통해 배우고 느낀 점으로 활용할 수 있습니다.
ⓘ 말을 조심하는 것	이 소양 역시 경험을 통해서 배우고 느낀 점으로 활용할 수 있습니다.
ⓙ 대학진학 후에 많은 대외활동과 활발한 학회 활동	대학진학 후의 활용 방안으로 짧게 언급할 수 있는 내용입니다.

2) 문항 분석에 따른 구성

(문항의 요구사항에 맞춰 내용의 우선순위 정하기)

학교생활 중 배려, 나눔, 협력, 갈등 관리 등을 실천한 사례를 들고, 그 과정을 통해 배우고 느낀 점을 기술하기 바랍니다. (띄어쓰기 포함 1,000자 이내)

문항의 요구사항은 배려, 나눔, 협력, 갈등 관리 항목 중에 그에 대응하는 사례를 바탕으로 배우고 느낀 점을 서술하라는 것입니다. 그러면 이 요구사항과 대응하여 소스를 제작할 수 있습니다.

요구사항	작성 내용	
학교생활 중에서	(공통) 내용 제한	구성
기본 소양과 인성	내 주변에는 항상 친구들이 가득했다. (서론에 어울리는 문장)	서론
	대학진학 후에 많은 대외활동과 활발한 학회 활동 (결론에 어울리는 문장)	결론
배려, 나눔 (통합)	"내게 있는 약간의 배려가 세상을 더 행복하게 만든다." – J. F. Kennedy	본론
	고집부리지 않고 내가 먼저 미안하다고 사과할 줄 아는 마음	
	먼저 다가가서 웃어주고 배려하는 나를 친구들은 매우 아껴주었다.	
협력	다른 사람의 이야기를 경청할 줄 아는 것	
	듣기 불편한 이야기나 내가 감당할 수 없는 이야기를 하는 경우도 있지만 그래도 열심히 들어주고 위로	
갈등 관리	친구와 사소한 문제로 다퉈서 친구들과의 사이에 배려심이란 것이 필요하다는 것을 알게 되었다.	
	말을 조심하는 것	
배우고 느낀 점	배려를 실천하니, 문제 대부분이 해결되었음. 문제 해결을 위해 조언해 주지 않아도 스스로 이야기하면서 해결책을 찾는	결론

이렇게 개요와 구성이 나왔습니다. 이 정도의 소스가 나오면 다음 단계에서 무엇을 해야 할까요? 일단 구성이 잘 되어 문장과 문

장을 잘 이을 수 있으면 바로 작성해도 좋습니다. 하지만 덧붙일 사례가 부족하다면 글자 수가 기대한 만큼 나오지 않을 수도 있습니다. 그래서 소스를 더하는 방식을 따라서 원본에서 쓸 수 있는 내용을 끌어와야 합니다. 이러한 소스 추가는 모든 작성자가 어려워하는 부분이므로, 여기에서는 그 과정만 보고 다음으로 진행하겠습니다.

요구사항	작성 내용	
기본소양 과 인성	내 주변에는 항상 친구들이 가득했다. (서론에 어울리는 문장)	서론
배려, 나눔 (통합)	"내게 있는 약간의 배려가 세상을 더 행복하게 만든다." - J. F. Kennedy	본론
	고집부리지 않고 내가 먼저 미안하다고 사과할 줄 아는 마음	
	먼저 다가가서 웃어주고 배려하는 나를 친구들은 매우 아 껴주었다.	
협력 (대화의 영역)	다른 사람의 이야기를 경청할 줄 아는 것	
	잠시 물러설 줄 아는 지혜	
	듣기 불편한 이야기나 내가 감당할 수 없는 이야기를 하는 경우도 있지만 그래도 열심히 들어주고 위로	
	Ⓐ 친구들은 나에게 고민을 상담하는 편	
	Ⓑ 친구들에게 속 깊은 상담을 해 준다.	
갈등 관리	친구와 사소한 문제로 다퉈서 친구들과의 사이에 배려심 이란 것이 필요하다는 것을 알게 되었다.	
	Ⓒ 자존심을 세우는 것보다 상대방을 배려	
	말을 조심하는 것	

배우고 느낀 점	배려를 실천하니, 문제 대부분이 해결되었음. 문제 해결을 위해 조언해 주지 않아도 스스로 이야기하면 서 해결책을 찾는	결론
	대학진학 후에 많은 대외활동과 활발한 학회 활동 예정	

　원본에서 더 찾은 내용은 '잠시 물러설 줄 아는 지혜', '자존심을 세우는 것보다 상대방을 배려하는 자세', '친구들은 나에게 고민을 상담하는 편인데 그 이유는 친구들에게 속 깊은 상담을 해주기 때문'입니다. 이 정도 개요라면 1,000자 제한의 자기소개서를 작성할 만합니다.

　작성 준비가 끝났으니 이제 개요에 따라 수정본을 작성할 수 있습니다.

　주변에 친구가 가득했던 저에게 "내게 있는 약간의 배려가 세상을 더 행복하게 만든다.(J. F. Kennedy)"는 명언은 제 인생의 가치관이었습니다. 제가 항상 학교생활의 지표로 삼은 것은 바로 배려의 가치에 따른 생활이었습니다. (배려에 대한 가치관 제시)

　저는 학우들에게 두 가지 원칙을 지키고자 했습니다. 첫째, '먼저 다가가서 웃어주고 배려하자.'입니다. 그래서 친구들은 저를 매우 아껴주었습니다. 둘째, '고집부리지 않고 내가 먼저 미안하다고 사과할 줄 아는 사람이 되자.'입니다. 이 두 가지 원칙에 따라 저는 큰 갈등 없이 지난 3년간 교우 관계에 충실할 수 있었습니다. (배려에 따른 학교생활 실천 사례 제시 : 배려 항목 활성화)

유독 제게는 고민을 상담하는 친구가 많았습니다. 항상 다른 사람의 이야기를 진심으로 경청해주었기 때문입니다. 듣기 불편한 개인적 고민이나 스스로 감당할 수 없는 이야기를 하면 공감하기 어렵더라도 위로해주고자 했습니다. 제가 동의할 수 없는 내용이 있다고 해도 제 생각에서 잠시 물러나 학우의 이야기를 듣고 공감해주는 역할을 했습니다. 대화하는 데 협력하고 공감하기란 어려운 일이 아니었습니다. 이렇게 상담을 하면서 학우들은 해결책이 아니라 자기 고민을 들어주는 일을 원한다고 알게 되었습니다. 고민을 털어놓으면서 스스로 해결되는 것을 자주 목격하기도 했습니다. 경청하는 저의 태도와 진심 어린 말이 학우들에게 위로가 된다는 것을 느낄 수 있었습니다. (대화와 공감 영역에서 나눔과 협력의 실천 사례 : 협력과 대화 소통 영역의 활성화)

어렸을 때 친구와 사소한 문제로 다툰 경험을 통해 저는 배려심이 가장 중요하다는 점과 자존심이 해결해주는 일보다 들어주는 것이 좋은 해결책임을 배웠습니다. 자존심을 세우면 오히려 갈등을 일으키고 문제를 키운다는 것을 배웠습니다. 상담을 하면서 조직 내에서 갈등이 일어나는 경우는 대부분 말 때문이었습니다. 말을 조심하는 것이 가장 중요한 배려임을 상담을 통해 배운 것입니다. 문제 해결책은 대부분 스스로가 알고 있었습니다. 조언보다 스스로 해결책을 맞는 방법이 가장 현명하다는 것을 학교생활을 하며 배웠습니다. (갈등 관리 인성 영역과 배우고 느낀 점 활성화)

마지막으로 수정 전 자기소개서와 수정 후 자기소개서를 비교해보도록 하겠습니다.

수정 전

"내게 있는 약간의 배려가 세상을 더 행복하게 만든다."

- J. F. Kennedy

나는 어렸을 때부터 다 함께 어울려 노는 것을 좋아했다. 그래서 주변에 친구들이 가득했다. 초등학교 6학년 때 친구와 사소한 문제로 다퉈서 친구들과의 사이에 배려심이란 것이 필요하다는 것을 알게 되었다. 내가 생각하는 배려란 다음과 같다.

첫째, 고집부리지 않고 내가 먼저 미안하다고 사과할 줄 아는 마음이다. 누구나 자기가 옳다고 생각할 수 있지만, 잠시 물러설 줄 아는 지혜가 필요하다. 고등학교에 진학하면서 낯선 곳으로 와 친구가 아예 없었지만 먼저 다가가서 웃어주고 배려하는 나를 친구들은 매우 아껴주었다. 그래서 나는 자존심을 세우는 것보다 상대방을 배려하는 것이 최선이라고 생각한다.

둘째, 다른 사람의 이야기를 경청할 줄 아는 것이야말로 최선의 배려이다. 친구들은 나에게 고민을 상담하는 편이다. 가끔 듣기 불편한 이야기나 내가 감당할 수 없는 이야기를 하는 경우도 있지만 그래도 열심히 들어주고 위로해준다. 문제 해결을 위해 내가 조언해 주지 않아도 이야기하면서 스스로 해결책을 찾는 경우를 많이 보아왔다.

셋째, 매사에 말을 조심하는 것이다. 말은 항상 그대로 전해지는 법 없이 왜곡되거나 굴절되어서 전달된다. 그래서 나는 항상 말을 조심하는 편인데, 이런 성격이 친구들에게 속 깊은 상담을 하게 해준다고 생각한다. 나는 대학진학 후에 많은 대외활동과 활발한 학회 활동을 하고 싶다. 이 과정에서 내가 배운 배려심을 실천하고 이어나갈 것이다.

수정 후

주변에 친구가 가득했던 저에게 "내게 있는 약간의 배려가 세상을 더 행복하게 만든다.(J. F. Kennedy)"는 명언은 제 인생의 가치관이었습니다. 제가 항상 학교생활의 지표로 삼은 것은 바로 배려의 가치에 따른 생활이었습니다.

저는 학우들에게 두 가지 원칙을 지키고자 했습니다. 첫째, '먼저 다가가서 웃어주고 배려하자.'입니다. 그래서 친구들은 저를 매우 아껴주었습니다. 둘째, '고집부리지 않고 내가 먼저 미안하다고 사과할 줄 아는 사람이 되자.'입니다. 이 두 가지 원칙에 따라 저는 큰 갈등 없이 지난 3년간 교우 관계에 충실할 수 있었습니다.

유독 제게는 고민을 상담하는 친구가 많았습니다. 항상 다른 사람의 이야기를 진심으로 경청해주었기 때문입니다. 듣기 불편한 개인적 고민이나 스스로 감당할 수 없는 이야기를 하면 공감하기 어렵더라도 위로해주고자 했습니다. 제가 동의할 수 없는 내용이 있다고 해도 제 생각에서 잠시 물러나 학우의 이야기를 듣고 공감해주는 역할을 했습니다. 대화하는 데 협력하고 공감하기란 어려운 일이 아니었습니다. 이렇게 상담을 하면서 학우들은 해결책이 아니라 자기 고민을 들어주는 일을 원한다고 알게 되었습니다. 고민을 털어놓으면서 스스로 해결되는 것을 자주 목격하기도 했습니다. 경청하는 저의 태도와 진심 어린 말이 학우들에게 위로가 된다는 것을 느낄 수 있었습니다.

어렸을 때 친구와 사소한 문제로 다툰 경험을 통해 저는 배려심이 가장 중요하다는 점과 자존심이 해결해주는 일보다 들어주는 것이 좋은 해결책임을 배웠습니다. 자존심을 세우면 오히려 갈등을 일으키고 문제를 키운다는 것을 배웠습니다. 상담을 하면서 조직 내에서 갈등이 일어나는 경우는 대부분 말 때문이었습니다. 말을 조심하는 것이 가장 중요한 배려임을 상담을 통해 배운 것입니다. 문제 해결책은 대부분 스스로가 알고 있었습니다. 조언보다 스스로 해결책을 맞는 방법이 가장 현명하다는 것을 학교생활을 하며 배웠습니다.

4
새로 짓는 형
; 망한 자기소개서도 쓸 데가 있다
– 어떠한 자소서라도 중심 내용만 살리면 고칠 수 있다!

소재만 좋다면 어떤 글도 고칠 수 있습니다. 필요한 것은 시간이 아니라 내용 기획과 소스(source)입니다.

아래에 제시되는 원문은 자기소개서가 아니라 한 편의 수필 같은 글입니다. 자기소개서에서 문항의 요구사항을 숙지하고 그 요구에 충실하게 따른다면 어떤 글도 고칠 수 있습니다. 우선 원문을 읽어보면 분량이 너무 많습니다. 글자 수를 무시한 채 작성하면 '어떤 글'이 나옵니다. 그러면 투자시간을 매몰 비용으로 볼지, 기회비용으로 볼지 고민할 것입니다. 작성방식을 바꾸지 않으면 기회비용을 지급하는 셈이 됩니다.

자기소개서를 작성할 때 시간은 측정해 본 적이 있나요? 1,000자를 쓰는 데는 30~35분을 소모합니다. 개인마다 차이가 있겠지만, 작성 중 고민하는 시간을 포함하여 작성할 때 그러합니다. 2,000자는 70분, 3,000자 100분을 소모하게 됩니다.

그리고 원서접수를 코앞에 두고 있다면 급하게 작성하는 경우도 많습니다. 따라서 이러한 시간 투자를 매몰 비용으로 낭비할 수는 없습니다. 내용을 줄이는 방법은 '삭제의 원리'입니다. 그렇다면 필요 없는 부분을 수정하면서 필요한 공식을 살펴보고, 투자시간을 기회비용으로 사용하는 방법을 알아보도록 하겠습니다.

학교생활 중 배려, 나눔, 협력, 갈등 관리 등을 실천한 사례를 들고, 그 과정을 통해 배우고 느낀 점을 기술해 주시기 바랍니다. (띄어쓰기 포함 1,000자 이내)

이제 슬슬 겨울이 다가오고 있다. 날씨도 훨씬 추워지고, 어르신의 방도 ⒶQ많이 추워진 것 같다. 그래서인지 심한 감기를 앓으셨다고 하셨다. 앞으로는 지금보다 훨씬 더 추워질 텐데 혼자서 이 겨울을 보내셔야 할 어르신을 생각하니 걱정이 많이 되었다. 또 이번에도 어르신께서 공부를 열심히 하는 것이 부모님께 효도하는 것이라고 하셨다. Ⓑ어르신의 말씀대로 공부를 열심히 해야겠다.

또 어르신 집에서 나오면서 거동이 살짝 불편하신 할머니 한 분을 뵙게 되었다. 계단을 내려가시는 것이 힘들어 보여서 도와드렸다. 그러자 할머니도 내게 계속 감사의 인사를 하셨다. 그때 나는 도움이 필요한 Ⓒ더 많은 분에게 도움이 되고 싶다는 생각을 하였다. 지난주에 이 지역에 의료봉사 병원에서 셔틀버스를 보내주어서 앓던 잇몸을 치료하러 간다고 좋아하시는 걸 보고 나도 나중에 대학을 졸업하면 이런 어르신들을 돌봐드려야겠다고 생각했다.

어르신은 30년 전에 졸혼을 하셨다고 한다. 30년 전부터 지금까지 계속해서 혼자서 살아오셨다고 한다. 아무래도 혼자 생활하는 시간이 많아 외로울 것 같다는 생각이 들었다. ⒟온종일 함께 대화를 나눌 사람이 없고, 좁은 공간에서 딱히 재미난 일 없이 평범하게 생활하셔야 하기 때문이다. 쉽게 말하기 힘든 마음속 이야기를 털어놓으시는 모습을 보고 편안함을 느끼시는 것 같아 뿌듯했다. 친밀감이 생긴 것 같다는 생각이 들었다. 그래서 조금이라도 더 자주 찾아뵈어서 ⒠내가 조금이나마 기쁨이 되어드릴 수 있는 존재가 되고 싶다는 생각이 들었고 앞으로 꾸준히 찾아뵈어야겠다고 다짐했다.

항상 가면 ⒡내게 좋은 말씀을 해주신다. 현재 학생 신분으로 주어진 공부에 최선을 다하고 열심히 노력하는 것이 효도이고, 꼭 해야 할 한다고 하셨다. 그 말씀을 새겨듣고 늘 최선을 다하리라고 다짐했다. 또한 노인에게는 외로움이 가장 큰 문제라는 생각이 들었다. 한 지인분의 사례를 들어주셨는데 아들네 집에서 살고 계신 어르신이 아침마다 일어나서 하는 생각이 '오늘은 또 어디서 시간을 보내야 하나?'라고 하셨다. 그만큼 우리 사회에서 노인이 많이 소외되었다는 생각이 들었다. 우리나라의 노인 문제를 해결하는 방안을 고민하는 시간도 가졌다.

어르신은 혼자서 생활하시는 시간이 많아 외로우실 것 같다는 생각이 들었다. 가끔 지인분이 놀러 오시거나 교회에 나가서 사람들을 만나고 오는 경우가 있다 해도, 대화를 함께 나눌 사람이 없고 좁은 공간에서 딱히 재미난 일 없이 평범하게 생활해야 하기 때문이다.

ⓖ오늘은 가자마자 어르신의 안 좋은 소식을 접하게 되었다. 10년 넘게 연락이 끊긴 막내 아드님이 돌아가셨다는 것이었다. 그러면서 그동안 하지 않으셨던 이야기를 하셨다. 1시간 동안 왜 혼자 사시게 되었는지, 자녀들과 배우자에 관해 정말 많은 이야기를 하셨다. 다 하신 뒤에 그런 이야기까지 들어줘서 정말 고맙고 그동안 쌓였던 말을 하고 나니 속이 후련하다고 말씀하셨다. 그 말을 들었을 때 참 뿌듯하기도 하고 혼자 사시는 어르신이 그동안 많이 외로우셨겠다는 생각이 들었다. ⓗ앞으로도 오늘처럼 어르신이 편하게 이야기를 털어놓을 수 있는 존재가 되어드려야겠다고 생각했다.

이번 여름은 폭염으로 전보다 훨씬 더웠다. 뉴스에서 노인들이 많이 쓰러진다는 소식을 듣고서 어르신이 걱정되기도 했다. 다행히도 어르신 댁에는 에어컨이 있지만 그래도 많이 덥고 외로울 것 같다는 생각이 들었다. 갈 때마다 평소 느끼는 소외감과 외로움을 이야기하시는데, 같은 연세의 주변 지인분들의 이야기도 가끔 해주신다. 그럴 때면 어르신뿐 아니라 주변 노인분들에게도 잘해야겠다는 생각이 든다.

이제는 날씨가 좀 시원해지는 듯하여 그나마 살만해졌다고 하셨다. 그동안 너무 더워서 밖에 잘 다니지 못하고 거의 집에서만 주무셨다고 하는데 한결 나아졌다고 하니 다행이라는 생각이 들었다. ⓘ그리고 내게는 건강관리, 체력 관리의 중요성을 늘 강조하셨다. 건강해서 공부 열심히 하는 것이 부모님께 효도하는 것이라고 하셨다. 매번 하시는 말씀이지만 늘 새겨듣고 실천할 수 있도록 해야겠다고 생각했다. 지난달에 갔을 때는 이제 좀 시원해져서 좀 괜찮으려니 하고 생각했으나 추위를 걱정해야 할 때가 벌써 와버렸다. 이번에는 어르신께 찾아가니 춤을 추러 다닐 때 만나시는 분도 함께 뵐 수도 있었다. 평소에 아주 심심하실 것 같았는데 그 어르신과 투덕거리면서 대화하시는 모습을 보니 평소보다 훨씬 밝아 보여 다행이라고 느꼈다. 어머니와 함께 갈 때마다 늘 따스하게 받아주시는 어르신이 참 고맙게도 느껴졌다.

　오늘은 평소 오전에 찾아뵈었던 것과 달리 어르신께서 어디 다녀올 때가 있다고 하셔서 조금 늦은 시각에 찾아뵙게 되었다. 어르신은 늘 책을 읽고 많은 생각을 하셔서 내게 좋은 말씀을 많이 해주신다. ⓙ되려 내가 더 많은 것을 얻어오는 것 같기도 하여 죄송하기도 하다. 늘 당신은 죽음을 초월하여 두렵지 않다고 하시는데 그런 모습이 대단해 보였다. 지금처럼 건강한 모습으로 살고 계신 것 이유 같다는 생각을 했다. 오늘은 어르신을 조금 오랜만에 찾아뵈었다. 그래서 그런지 뭔가 더 살도 빠지고 힘들어 보였다. 얼마 전에 문턱에 걸려 넘어져서 얼굴을 심하게 다치셨다고 하는데 혼자 계실 때 다치면 많이 위험하실 것 같아 걱정되었다.

　오늘 찾아뵙게 되었는데 1학년 초에 처음 뵀을 때보다 몸이 많이 말랐다는 것을 느꼈다. 몸이 많이 안 좋아 보여 다가올 여름이 걱정되었다. 날도 더운데 몸이 더 안 좋아지게 되면 어쩌지 하는 걱정이 들었다. 약 2~3년간 외할아버지보다 자주 뵈면서 많이 정이 든 것 같다. 술 담배도 줄이고 건강하게 오래오래 사셨으면 좋겠는데 매번 부질없다는 듯이 말씀하시는 것이 한편으로 속상하기도 했다. 평소에 한 달에 한 번씩 찾아뵈었던 것과는 달리 이번에는 두 달 만에 뵙게 되었다. 원래는 6월 셋째 주에 가려고 했는데 연락을 받지 않으셔서 이제야 갈 수 있었다. 알고 보니 그동안 '거식증'에 걸려서 입원하시는 바람에 연락을 받지 못했다고 하셨다. 안 그래도 요즘 처음보다 많이 마르셨다는 생각을 했었는데 혼자 계시다 보니 식사를 잘 안 하게 되어 거식증에 걸리게 된 것이었다. 그런 어르신이 안타깝기도 하고 속상하기도 했다.

1) 빅 데이터를 분석해야 합니다

위의 원문을 보면 가장 많이 등장하는 단어가 바로 '노인 봉사활동(독거노인 방문 봉사활동)'입니다. 그 활동을 오랫동안 한 것으로 보입니다. 어르신들이 열악한 환경에 놓여 있다는 점이 가장 기억에 남는다고 합니다. 이를 자기소개서에 반영해야 합니다.

그리고 이 학생은 이 독거노인 방문 봉사활동을 하면서 의료봉사 셔틀버스를 보게 됩니다. 치과의사가 되어 홀몸 어르신들을 돕고 싶다는 결심하게 됩니다. 이를 봉사활동에서 배려와 나눔을 끌어낸 것입니다. 그러면 방문 활동을 자주 하여 유대감이 생기고, 스스로에게 동기부여가 되었으며, 그 동력을 바탕으로 학업에 대한 의지가 생겼다는 내용을 주제로 설정할 수 있습니다.

2) 논리적 비약을 잘 활용하면, 일부 항목을 쓰기 어려워도 구성이 괜찮아집니다

주제가 정해지면 그 주제를 바탕으로 구성을 할 수 있습니다. 진실하고 솔직하게 자신을 표현할 수 있다면, 굳이 모든 요소를 억지로 만들어서 넣을 필요는 없습니다. 문항에서 배려, 나눔, 협력, 갈등 관리 등을 실천한 사례를 소개하기를 요구하는데 갈등 관리가 사례가 없다면 안 써도 됩니다. 자기소개서 작성에는 공식이 없습니다. 모든 항목이 100% 구현되지 않아도 배려와 나눔을 통해 배우고 느낀 점이 있다면 논리적으로 비약해서 작성해도 좋습니다. 따라서 '배려와 나눔'을 바탕으로 자기소개서를 설계해보겠습니다.

3) 하고 싶은 말을 모두 쓰면 훌륭한 자기소개서가 됩니다

1,000자 이내로 제한된 자기소개서에 고등학교 3년의 활동 중 강조할만한 모든 내용을 빠짐없이 작성하기는 어렵습니다. 그 모든 미션을 이행하고자 욕심을 내면 취지와 목적을 달성하기가 오히려 더 어렵습니다. 그러므로 피력하고 강조하고 싶은 내용 중에서 성취감과 뿌듯함이 있는 부분을 소개해야 좋은 자기소개서가 됩니다. 하고 싶은 내용을 충실하게 작성해야 훌륭한 자기소개서가 됩니다.

위의 자기소개서에서 중요한 문장과 구절을 바탕으로 개요를 작성하면 다음과 같습니다. 많은 내용을 효율적으로 담기 위해서는 상세 항목을 구분한 개요보다 순서와 구성을 밝힌 '내용 개요'가 효과적입니다. 그래서 이번에는 내용 개요를 바탕으로 수정해 보도록 하겠습니다. 내용 개요는 상세 개요처럼 항목을 구체적으로 나누어서 작성하는 것이 아니라, 내용만 간추려서 순서를 구성한 후에 그 순서에 따라서 글을 쓰는 방식입니다. 위의 자기소개서에서 중요 내용만 간추리면 아래와 같습니다.

Ⓐ(거동 불편한 어르신들이 힘들어하는) 많이 추워진 것 같다.

Ⓑ어르신의 말씀대로 공부를 열심히 해야겠다.

Ⓒ더 많은 분에게 도움이 되고 싶다는 생각을 하였다. 지난주에 이 지역에 의료봉사 병원에서 셔틀버스를 보내주어서 앓던 잇몸을 치료하러 간다고 좋아하시는 걸 보고 나도 나중에 대학을 졸업하면 이런 어르신들을 돌봐드려야겠다고 생각했다.

Ⓓ온종일 함께 대화를 나눌 사람이 없고, 좁은 공간에서 딱히 재미난 일 없이 평범하게 생활하셔야

Ⓔ내가 조금이나마 기쁨이 되어드릴 수 있는 존재가 되고 싶다는 생각이 들었고 앞으로 꾸준히 찾아뵈어야겠다고 다짐했다.

Ⓕ내게 좋은 말씀을 해주신다. 현재 학생 신분으로 주어진 공부에 최선을 다하고 열심히 노력하는 것이 효도이고, 꼭 해야 할 한다고 하셨다.

Ⓖ오늘은 가자마자 어르신의 안 좋은 소식을 접하게 되었다. 10년 넘게 연락이 끊긴 막내 아드님이 돌아가셨다는 것이었다.

Ⓗ앞으로도 오늘처럼 어르신이 편하게 이야기를 털어놓을 수 있

는 존재가 되어드려야겠다고 생각했다.

ⓘ그리고 내게는 건강관리, 체력 관리의 중요성을 늘 강조하셨다.

ⓙ되려 내가 더 많은 것을 얻어오는 것 같기도 하여 죄송하기도
하다.

이처럼 중요 내용만 선별하면 어떤 순서로 자기소개서를 작성할
지에 대한 계획을 세울 수 있습니다. 이 자기소개서에 구현해야 할
내용은 다음과 같습니다.

①독거노인 방문 봉사활동 제시

②방문하는 노인들의 실태 제시

③오히려 방문하는 나를 손녀처럼 귀여워해 주셔서 애착 관계
가 형성

④이러한 유대관계가 오랫동안 봉사활동을 실천하는 계기가 됨

⑤학업에 대한 걱정을 많이 해주셔서 공부를 게을리할 수 없었음

⑥이러한 유대감이 동기부여가 되어서 학업에 더욱 열중할 수
있었음

⑦봉사활동 중에 유명(幽明)을 달리 한 어르신들의 소식도 간혹
듣게 됨

⑧그래서 나의 사회적 기여와 역할에 대해 고민해 보는 계기가 됨

⑨어느 날 의료봉사 셔틀버스를 보고 '나도 저런 의료봉사활동
에 적극적으로 참여하는 의사가 되고 싶다.'라고 결심하게 됨

⑩그래서 이를 바탕으로 더욱 학업에 열중하고, 부끄럽지 않은 모

습을 보여드리기 위해서 노력함. 결국 배울 점이 많은 의미 있는 봉사활동을 실천함.

1~10까지의 내용을 순서대로 작성하면 됩니다. 이를 토대로 한 편의 자기소개서를 완성하면 다음과 같습니다.

중 · 고등학생 기간에 꾸준히 해온 봉사활동은 독거노인을 방문해서 살피고 도와드리는 활동입니다. (①독거노인 방문 봉사활동 제시) 경제적으로 어려운 분들이 많아서 부족한 난방비 때문에 추운 방에 계시기도 하고, 문제를 고민하는 분도 많았습니다. (②방문하는 노인들의 실태 제시)

관절에 질병이 있는 어르신을 부축하고, 외로운 어르신에게 말벗이 되어주었습니다. 학생이 찾아왔다며 즐거워하시는 모습을 보며 친밀감도 생겨서 꾸준하게 봉사활동을 했습니다. 어르신들은 좋은 말씀을 많이 해주셨는데, 학생인 제가 본연의 공부에 충실한 것이 효도이며 건강관리를 잘해야 한다고 걱정해주셨습니다. (③오히려 방문하는 나를 손녀처럼 귀여워해 주셔서 애착 관계가 형성됨), (⑤학업에 대해 걱정을 많이 해주셔서 공부를 게을리할 수 없었음)

짧지 않은 기간의 봉사활동을 하다 보면 돌아가신 분의 소식도 들을 수 있었습니다. (⑦봉사활동 중에 유명(幽明)을 달리 한 어르신들의 소식도 간혹 듣게 됨) 그래서 저는 복지 사각에 계신 어르신들에게 추위와 더위뿐 아니라 건강이 문제라는 점을 알게 되었습니다. (④이러한 유대관계가 오랫동안 봉사활동을 실천하는 계기가 됨)

경제 형편이나 건강상 어려운 분들이기 때문입니다. 그래서 저는 좀 더 자주 방문하기 위해 노력했고, 친구분들과 있을 때면 같이 반찬을 나누어 드리는 등 제가 할 수 있는 일이 무엇인 적극적으로 살펴서 실천하였습니다.

그리고 사회에 진출하면 어떤 복지혜택을 나눌 수 있을까 고민했습니다. (⑧그래서 나의 사회적 기여와 역할에 대해 고민해 보는 계기가 되었음) 외로운 노인들은 한의사가 의료지원을 오면 침만 맞아도 나은 것 같다고 했습니다. 지역의 치과의원 의사가 병원 휴일을 활용해 틀니를 만들거나 간단한 치료를 하는 것을 보고 치과의사가 되면 셔틀버스를 활용해 어르신들을 돕겠다고 결심했습니다. (⑨어느 날 의료봉사 셔틀버스를 보고 '나도 저런 의료봉사활동을 적극적으로 참여하는 의사가 되고 싶다.'라고 결심하게 됨)

이러한 봉사활동이 오히려 저의 학업에 많은 동기부여가 되었습니다. (⑥이러한 유대감이 동기부여가 되어서 학업에 더욱 열중할 수 있었음) 그래서 저는 학업에 의지를 더 가지게 되었습니다. 방문할 때마다 시험을 잘 봤냐고 물으시는 어르신께 잘 봤다고 해야 손녀처럼 대견해 하셨기 때문에 복지를 실천하는 의료인이 되기 위해서 성적관리에 더욱 힘썼습니다. 그래서 저는 봉사활동을 통해 좋은 성적을 유지할 수 있었다고 생각합니다. (⑩그래서 이를 바탕으로 더욱 학업에 열중하고, 부끄럽지 않은 모습을 보여드리기 위해서 노력함. 결국 배울 점이 많은 의미 있는 봉사활동을 실천함)

기본개요를 토대로 충실한 자기소개서가 완성되었음을 확인할 수 있습니다. 물론 공식에 대응하는 기본 요구사항을 충실하게 따르지 않았지만, 적어도 봉사활동을 통해 작성 취지와 동기부여의 과정이 매우 효과적으로 표현된 자기소개서라고 할 수 있습니다. 원본과 수정본을 비교해보면 구성과 내용의 차이가 확연하게 드러납니다.

수정 전

이제 슬슬 겨울이 다가오고 있다. 날씨도 훨씬 추워지고, 어르신의 방도 많이 추워진 것 같다. 그래서인지 심한 감기를 앓으셨다고 하셨다. 앞으로는 지금보다 훨씬 더 추워질 텐데 혼자서 이 겨울을 보내셔야 할 어르신을 생각하니 걱정이 많이 되었다. 또 이번에도 어르신께서 공부를 열심히 하는 것이 부모님께 효도하는 것이라고 하셨다. 어르신의 말씀대로 공부를 열심히 해야겠다.

또 어르신 집에서 나오면서 거동이 살짝 불편하신 할머니 한 분을 뵙게 되었다. 계단을 내려가시는 것이 힘들어 보여서 도와드렸다. 그러자 할머니도 내게 계속 감사의 인사를 하셨다. 그때 나는 도움이 필요한 더 많은 분에게 도움이 되고 싶다는 생각을 하였다. 지난주에 이 지역에 의료봉사 병원에서 셔틀버스를 보내주어서 앓던 잇몸을 치료하러 간다고 좋아하시는 걸 보고 나도 나중에 대학을 졸업하면 이런 어르신들을 돌봐드려야겠다고 생각했다.

어르신은 30년 전에 졸혼을 하셨다고 한다. 30년 전부터 지금까지 계속해서 혼자서 살아오셨다고 한다. 아무래도 혼자 생활하는 시간이 많아 외로울 것 같다는 생각이 들었다. 온종일 함께 대화를 나눌 사람이 없고, 좁은 공간에서 딱히 재미난 일 없이 평범하게 생활하셔야 하기 때문이다. 쉽게 말하기 힘든 마음 속 이야기를 털어놓으시는 모습을 보고 편안함을 느끼시는 것 같아 뿌듯했다. 친밀감이 생긴 것 같다는 생각이 들었다. 그래서 조금이라도 더 자주 찾아뵈어서 내가 조금이나마 기쁨이 되어 드릴 수 있는 존재가 되고 싶다는 생각이 들었고 앞으로 꾸준히 찾아뵈어야겠다고 다짐했다.

항상 가면 내게 좋은 말씀을 해주신다. 현재 학생 신분으로 주어진 공부에 최선을 다하고 열심히 노력하는 것이 효도이고, 꼭 해야 할 한다고 하셨다. 그 말씀을 새겨듣고 늘 최선을 다하리라고 다짐했다. 또한 노인에게는 외로움이 가장 큰 문제라는 생각이 들었다. 한 지인분의 사례를 들어주셨는데 아들네 집에서 살고 계신 어르신이 아침마다 일어나서 하는 생각이 '오늘은 또 어디서 시간을 보내야 하나?'라고 하셨다. 그만큼 우리 사회에서 노인이 많이 소외되었다는 생각이 들었다. 우리나라의 노인 문제를 해결하는 방안을 고민하는 시간도 가졌다.

어르신은 혼자서 생활하시는 시간이 많아 외로우실 것 같다는 생각이 들었다. 가끔 지인분이 놀러 오시거나 교회에 나가서 사람들을 만나고 오는 경우가 있다 해도, 대화를 함께 나눌 사람이 없고 좁은 공간에서 딱히 재미난 일 없이 평범하게 생활해야 하기 때문이다.

오늘은 가자마자 어르신의 안 좋은 소식을 접하게 되었다. 10

년 넘게 연락이 끊긴 막내 아드님이 돌아가셨다는 것이었다. 그러면서 그동안 하지 않으셨던 이야기를 하셨다. 1시간 동안 왜 혼자 사시게 되었는지, 자녀들과 배우자에 관해 정말 많은 이야기를 하셨다. 다 하신 뒤에 그런 이야기까지 들어줘서 정말 고맙고 그동안 쌓였던 말을 하고 나니 속이 후련하다고 말씀하셨다. 그 말을 들었을 때 참 뿌듯하기도 하고 혼자 사시는 어르신이 그동안 많이 외로우셨겠다는 생각이 들었다. 앞으로도 오늘처럼 어르신이 편하게 이야기를 털어놓을 수 있는 존재가 되어드려야겠다고 생각했다.

이번 여름은 폭염으로 전보다 훨씬 더웠다. 뉴스에서 노인들이 많이 쓰러진다는 소식을 듣고서 어르신이 걱정되기도 했다. 다행히도 어르신 댁에는 에어컨이 있지만 그래도 많이 덥고 외로울 것 같다는 생각이 들었다. 갈 때마다 평소 느끼는 소외감과 외로움을 이야기하시는데, 같은 연세의 주변 지인분들의 이야기도 가끔 해주신다. 그럴 때면 어르신뿐 아니라 주변 노인분들에게도 잘해야겠다는 생각이 든다.

이제는 날씨가 좀 시원해지는 듯하여 그나마 살만해졌다고 하셨다. 그동안 너무 더워서 밖에 잘 다니지 못하고 거의 집에서만 주무셨다고 하는데 한결 나아졌다고 하니 다행이라는 생각이 들었다. 그리고 내게는 건강관리, 체력 관리의 중요성을 늘 강조하셨다. 건강해서 공부 열심히 하는 것이 부모님께 효도하는 것이라고 하셨다. 매번 하시는 말씀이지만 늘 새겨듣고 실천할 수 있도록 해야겠다고 생각했다. 지난달에 갔을 때는 이제 좀 시원해져서 좀 괜찮으려니 하고 생각했으나 추위를 걱정해야 할 때가 벌써 와버렸다. 이번에는 어르신께 찾아가니 춤을 추러 다닐 때 만나시는 분도 함께 뵐 수도 있었다. 평소에 많이 심심하실 것 같았는데 그 어르신과 투덕거리면서 대화하시는 모습을 보니 평소보다 훨씬 밝아 보여 다행이라고 느꼈다. 어머니와 함께 갈 때마다 늘 따스하게 받아주시는 어르신이 참 고맙게도 느껴졌다.

오늘은 평소 오전에 찾아뵈었던 것과 달리 어르신께서 어디 다녀올 때가 있다고 하셔서 조금 늦은 시각에 찾아뵙게 되었다. 어르신은 늘 책을 읽고 많은 생각을 하셔서 내게 좋은 말씀을 많이 해주신다. 되려 내가 더 많은 것을 얻어오는 것 같기도 하여 죄송하기도 하다. 늘 당신은 죽음을 초월하여 두렵지 않다고 하시는데 그런 모습이 대단해 보였다. 지금처럼 건강한 모습으로 살고 계신 것 이유 같다는 생각을 했다. 오늘은 어르신을 조금 오랜만에 찾아뵈었다. 그래서 그런지 뭔가 더 살도 빠지고 힘들어 보였다. 얼마 전에 문턱에 걸려 넘어져서 얼굴을 심하게 다치셨다고 하는데 혼자 계실 때 다치면 많이 위험하실 것 같아 걱정되었다.

오늘 찾아뵙게 되었는데 1학년 초에 처음 뵈었을 때보다 몸이 많이 말랐다는 것을 느꼈다. 몸이 많이 안 좋아 보여 다가올 여름이 걱정되었다. 날도 더운데 몸이 더 안 좋아지게 되면 어쩌지 하는 걱정이 들었다. 약 2~3년간 외할아버지보다 자주 뵈면서 많이 정이 든 것 같다. 술 담배도 줄이고 건강하게 오래오래 사셨으면 좋겠는데 매번 부질없다는 듯이 말씀하시는 것이 한편으로 속상하기도 했다. 평소에 한 달에 한 번씩 찾아뵈었던 것과는 달리 이번에는 두 달 만에 뵙게 되었다. 원래는 6월 셋째 주에 가려고 했는데 연락을 받지 않으셔서 이제야 갈 수 있었다. 알고 보니 그동안 '거식증'에 걸려서 입원하시는 바람에 연락을 받지 못했다고 하셨다. 안 그래도 요즘 처음보다 많이 마르셨다는 생각을 했었는데 혼자 계시다 보니 식사를 잘 안 하게 되어 거식증에 걸리게 된 것이었다. 그런 어르신이 안타깝기도 하고 속상하기도 했다.

수정 후

　중·고등학생 기간에 꾸준히 해온 봉사활동은 독거노인을 방문해서 살피고 도와드리는 활동입니다. 경제적으로 어려운 분들이 많아서 부족한 난방비 때문에 추운 방에 계시기도 하고, 문제를 고민하는 분도 많았습니다.

　관절에 질병이 있는 어르신을 부축하고, 외로운 어르신에게 말벗이 되어주었습니다. 학생이 찾아왔다며 즐거워하시는 모습을 보며 친밀감도 생겨서 꾸준하게 봉사활동을 했습니다. 어르신들은 좋은 말씀을 많이 해주셨는데, 학생인 제가 본연의 공부에 충실한 것이 효도이며 건강관리를 잘해야 한다고 걱정해주셨습니다.

　짧지 않은 기간의 봉사활동을 하다 보면 돌아가신 분의 소식도 들을 수 있었습니다. 그래서 저는 복지 사각에 계신 어르신들에게 추위와 더위뿐 아니라 건강이 문제라는 점을 알게 되었습니다.

경제 형편이나 건강상 어려운 분들이기 때문입니다. 그래서 저는 좀 더 자주 방문하기 위해 노력했고, 친구분들과 있을 때면 같이 반찬을 나누어 드리는 등 제가 할 수 있는 일이 무엇인 적극적으로 살펴서 실천하였습니다.

그리고 사회에 진출하면 어떤 복지혜택을 나눌 수 있을까 고민했습니다. 외로운 노인들은 한의사가 의료지원을 오면 침만 맞아도 나은 것 같다고 했습니다. 지역의 치과의원 의사가 병원 휴일을 활용해 틀니를 만들거나 간단한 치료를 하는 것을 보고 치과의사가 되면 셔틀버스를 활용해 어르신들을 돕겠다고 결심했습니다.

이러한 봉사활동이 오히려 저의 학업에 많은 동기부여가 되었습니다. 그래서 저는 학업에 의지를 더 가지게 되었습니다. 방문할 때마다 시험을 잘 봤냐고 물으시는 어르신께 잘 봤다고 해야 손녀처럼 대견해 하셨기 때문에 복지를 실천하는 의료인이 되기 위해서 성적관리에 더욱 힘썼습니다. 그래서 저는 봉사활동을 통해 좋은 성적을 유지할 수 있었다고 생각합니다.

당부의 말

　자기소개서의 실용적인 작성전략은 우선 기록과 문항의 질문에 충실해야 한다는 점입니다. 가장 많은 오류이기도 한 자기소개서의 작성방식은 문항에 얼마나 충실하게 따르고 있는가에 평가의 기준이 정해져있습니다. 자기소개서는 유행이 있는데, 최근 5년간의 변화는 작성자의 필력을 측정하는 평가가 아니라 분석적인 자기소개서에 높은 배점을 부과합니다. 이를 적극적으로 활용할 필요가 있습니다.

　둘째, 학과에 목적에 부합하는가?에 대해 스스로 평가해야 합니다. 작성 이후에 자신이 평가자의 입장에서 재고할 필요가 있는 이유는 학과의 학생교육방향성과 일치해야 합니다. 그 과정에서 당위성을 증명하는 과정이고 선발의 목적에 따른 자기소개서 평가기준이 자기소개서에 구현되어있는지 반드시 확인하시기 바랍니다. (나의 자기소개서는 어떻게 평가될 것인가?)

　셋째, 생각이란 단어를 작성할 때 조심해서 작성합니다. 자기소개서는 온전히 경험과 행동, 그리고 사례와 결과 위주로 작성하고 표현해야 합니다. 교과 및 활동의 해석에 있어서 전문인으로서의 전문교육을 받을 만 한 가치를 스스로 증명하는 글이므로 내용이 아니라 사람(캐릭터)이 보여야합니다.

넷째, 자기소개서를 가지고 모의평가와 피드백을 받아보시기 바랍니다. 스스로 자기소개서를 평가하는 기준이나 평가표를 만들어서 그 배점을 해보면 크게 도움이 될 것입니다. 대부분의 작성자가 고민하는 것은 쓸 내용이 없다는 점. 작성에 필요한 자원(재료)이 정리되지 않았거나 어떻게 써야 하는지 모르겠다는 점이 대부분입니다. 그것은 자신의 경험을 체계적으로 정리되지 않았다는 것을 반증합니다.

또한 자기소개서의 특징이나 학교에서 원하는 인재상에 맞게 썼는지 모르겠다거나 평가 기준에 타당한지를 이 책에서 상세하게 밝히고 있습니다. 이 책을 통해서 읽고 쉽게 익혀서 작성하여 모든 독자들이 좋은 결과가 있기를 바랍니다.

〈자기소개서를 작성한 후의 체크리스트〉

1. 지원하는 학과의 성격과 인재상이 반영되었는지 확인합니다.

지원하는 학과 홈페이지 내용을 읽고 자기소개서를 작성하는 것과 읽지 않고 작성하는 것에는 큰 차이가 있습니다. 학과에서 추구하는 인재상과 교육과정을 참고해서 자신을 피력하는 것이 도움이 됩니다. 홈페이지에서 고를 내용을 꼭 확인하고 실제 작성 시에 반영하기 바랍니다.

2. 불필요한 내용이 없는지 확인합니다.

불필요한 내용이란 내용의 통일성에 어긋나는 점을 말합니다. 좋은 점수를 받는 자기소개서는 주제가 명확한 글입니다. 작성하고 싶은 내용이 많겠지만 글자 수에 제한이 있으므로 불필요한 문장을 삭제하여 통일성 높은 자기소개서를 만들어보세요. 그것이 내용의 응집성을 높이는 좋은 방법입니다.

3. 추상적 단어를 자주 사용했는지, 상투적 내용이 없는지 확인합니다.

4. 생각이나 의견, 계획을 남발하지 않았는지 확인합니다.

5. 활동을 중심으로 작성했는지 한 번 더 살펴봅니다.

6. 완성된 자기소개서가 '자세한 설명과 근거가 명료한 자기소개서인가?' 평가해 봅니다.

7. 친구에게 보여줄 때 완성된 내용만 보여주지 말고 문항을 함께 보여줘서 조언을 받습니다.

〈자기소개서를 완성한 후 반드시 해야 하는 것〉

1. 제출할 때 수정 기간과 나머지 일정을 모두 기록하고 그 일정을 숙지하고 있어야 합니다.

수시전형의 일정은 학교마다, 전형마다 차이가 있습니다. 세부 내용을 잘 숙지하고 있어야 누락 없이 전형을 진행할 수 있습니다.

2. 완성된 출력물을 별도의 파일로 보관합니다.

대학수학능력시험을 마치고 나면 학교마다 면접 일정이 공지됩니다. 그 공지에 따라 미리 준비해야 하는데, 전형을 무사히 마치기 위해서는 반드시 보관할 것들을 챙겨둬야 합니다.

①자기소개서
②생활기록부 사본
③자기소개서를 작성하기 위해 준비한 학과 관련 자료

실제로 학과와 지원 학교가 서로 다른 경우 미리 준비한 답변이 지원 학과와 일치하지 않아 난감해질 수가 있습니다. 매우 초보적인 실수는 치명적입니다. 자신이 지원한 학과와 지원한 전형, 학과의 특성 등을 구분해서 보관해두는 것이 면접을 준비하는 데 도움이 됩니다.

3. 누구나 질문할 법한 내용과 그 반론 근거 준비

자기소개서와 생활기록부는 면접의 필수 요소입니다. 자신이 작성한 기본 내용을 알고 있어야 합니다. 그것은 누구도 도와주지 못하는 것입니다. 그리고 면접에서 자기소개서와 연관되어 질문받을 내용이 있을 것입니다. 그 질문에 대한 근거와 답변을 미리 준비해두어야 합니다. 질병으로 1년간 휴학하거나 전학했다면, 당연히 그 기간에 무엇을 했는지 질문받을 것입니다. 답변의 신뢰성을 주기 위해서는 자신이 작성한 자기소개서의 내용을 숙지하고 있어야 합니다. 면접에서 제대로 답변하지 못하면 결과를 예측할 수가 없을 것입니다.

그러므로 면접에서 받을 질문을 염두에 두고 자기소개서를 작성하면서 그에 대한 답변을 미리 메모해두고, 실제 수학능력시험이 끝나면 면접을 준비하면서 구체적이고 논리적인 답변을 작성해야 합니다.

...

많은 학생이 자기소개서와 수학능력시험, 면접 전형을 서로 다른 요소로 인식합니다. 하지만 그 모든 전형은 점이 아니라 선입니다. 연장 선상에 있음을 알고 체계적으로 준비해야만 정성을 들여서 작성한 자기소개서가 비로소 신뢰성 있는 자기소개서로 인정받을 수 있습니다.

누구나 자기소개서를 작성하면서 큰 노력과 시간을 들입니다. 이 책은 2007학년도부터 2020학년도까지 1,200여 편의 자기소개서를 바탕으로 기획되었습니다. 오답 유형과 합격 사례의 빅 데이터를 활용하여 만들어진 책이므로, 이 책을 중심으로 자기소개서를 준비하면 그 목적을 이루는 데 큰 도움이 될 것입니다.

모쪼록 여러분들께서 원하는 대학에 꼭 합격하시기를 기원합니다.

상위 5% 대학 입학을 위한 자기소개서

초판 1쇄 발행 2020년 6월 5일
지은이 김정엽
펴낸곳 글라이더 **펴낸이** 박정화
편집 이정호 **디자인** 디자인부 **마케팅** 임호

등록 2012년 3월 28일(제2012-000066호)
주소 경기도 고양시 덕양구 화중로 130번길 14(아성프라자 6층 601호)
전화 070)4685-5799 **팩스** 0303)0949-5799 **전자우편** gliderbooks@hanmail.net
블로그 http://gliderbook.blog.me/
ISBN 979-11-7041-038-6 43370

책값은 뒤표지에 있습니다.
잘못된 책은 바꾸어 드립니다.

이 도서의 국립중앙도서관 출판예정도서목록(CIP)은 서지정보유통지원시스템 홈페이지
(http://seoji.nl.go.kr)와 국가자료공동목록시스템(http://www.nl.go.kr/kolisnet)에서 이용
하실 수 있습니다.(CIP제어번호: CIP2020020605)

글라이더는 독자 여러분의 참신한 아이디어와 원고를 설레는 마음으로 기다리고 있습니다.
gliderbooks@hanmail.net 으로 기획의도와 개요를 보내 주세요. 꿈은 이루어집니다.